어제보다 멍청해지기 전에

어제보다 멍청해지기 전에

150년 동안 인류 지성사를 이끈 68가지 지혜

필립 길버트 해머튼 지음

박정민 옮김

The Intellectual Life

필로틱

이 책을 읽는 분에게

사람이 멍청해지는 과정은 소리도 없고 통증도 없다. 어느 날 평소라면 단번에 이해할 문장을 세 번씩 읽어야 하는 자신을 문득 발견하고서야, 사고력이 이미 마모되었음을 깨닫는다. 익숙한 단어들이 기억의 미로 속에서 길을 잃고, 점차 판단력마저 기계와 AI에 의존하게 된다. 이것이 오늘날 우리가 맞닥뜨린 역설이다. 인류 역사상 가장 풍부하고 방대한 정보를 가장 쉽게 얻을 수 있는 시대에 살면서도, 정작 깊이 있는 사고와 의미 있는 지적 생활을 누리기가 점점 어려워지고 있다.

1873년, 영국의 예술 평론가 필립 길버트 해머튼은 한 권의 책을 써낸다. 해머튼은 『지적 생활(원제)』에서 지금 현대인이 겪는 혼란을 정확히 예견했다. 산업 혁명의 소용돌이 속에서 증기 기관, 전신, 폭발적으로 늘어난 신문 매체는 '정보 과잉'과 '주의력 분산'이라는 문제를 만들 것으로 예상했다. 동시에 해머튼은 시대 변화에 매몰되지 않고 "언제, 어디서든 인간은 지적으로 성장할 수 있다"는 강력한 믿음을 책에 담았다.

편지 형식으로 쓰여진 이 책은 150년 동안 천재들의

영혼을 사로잡았다. 19세기 후반, 전 세계에 2,500개의 도서관을 세운 철강왕 앤드루 카네기와 『톰 소여의 모험』으로 미국 문학의 새 지평을 연 마크 트웨인에게 '지적 생활'은 시대의 화두였다. 이후 아인슈타인과 처칠을 비롯한 20세기의 위대한 인물들도 이를 최우선 가치로 삼았다. 하버드대와 예일대 교수진도 학생들에게 추천을 아끼지 않았다. 『지적 생활』은 산업화 시대를 이끈 지식인뿐 아니라, 오늘날까지도 세계 각국에서 출간되어 지성인들의 교과서 역할을 하고 있다.

이 책이 말하는 지적 생활은 단순히 책을 많이 읽거나 지식을 축적하는 데 있지 않다. 마치 한 그루의 나무가 씨앗에서 시작해 깊은 뿌리를 내리고 무성한 가지를 뻗어가듯, 우리의 지적 성장 역시 자연의 섭리를 따른다. 해머튼은 지성이 단순한 암기나 형식적 학습이 아니라, 자연스럽게 확장되고 깊어지는 과정임을 강조했다. 그는 인간의 사고가 문법학자들이 정한 딱딱한 규칙에 갇히는 것이 아니라, 자연의 이치와 경험을 통해 유기적으로 발현된다고 보았다.

지적 생활이란 단순히 지식을 쌓는 것이 아니다. 그것은 삶의 모든 순간에서 배움을 발견하고, 깊이 있는 사고를 즐기며, 끊임없이 더 높은 관점으로 나아가려는 마음의 습관이다. 우리를 둘러싼 모든 것—사람, 책, 자연, 심지어 조용히 놓인 돌멩이 하나까지—이 스승이 될 수 있다. 지성이란 결국 일상 속에서 새로운 깨달음을 찾고,

사고의 지평을 넓히는 지속적인 태도인 것이다.

이제 선택의 순간이다. 정보의 홍수 속에서 표류할 것인가, 아니면 150년간 세계 최고의 지성들이 신뢰해 온 이 나침반을 들고 새로운 항해를 시작할 것인가. 아마존과 굿리즈에서 "인생을 바꾼 책"이라는 독자의 증언이 이미 그 답을 말해주고 있다.

이번 한국어판은 원문의 숨결을 고스란히 간직하면서도, 150년 전의 지성이 오늘날 독자에게도 또렷하고 힘차게 들려올 수 있도록 세심하게 다듬고 재구성했다. 해머튼의 통찰과 지혜가 다시금 독자의 마음을 새롭게 울릴 수 있기를 기대한다.

책장을 넘기며, 더 깊은 사유의 바다로 항해를 시작하자. 당신의 진정한 지적 생활은 지금부터 시작된다.

편역자 박정민

2025년 3월

서문

이 책에서 나는 평범한 일상에서 '만족스러운 지적 생활'
이 어떻게 가능한지를 살펴보려 하네. 지적 생활을 둘러
싼 여러 조건이 우리에게 어떤 영향을 주는지 구체적으
로 짚어볼 것이고, 궁극적으로는 자네가 잘못된 방향으
로 열정을 소모하거나 불필요한 무력감에 빠져 시간을
잃지 않길 바라네.

아마 누구나 깊이 있는 사고와 통찰을 갈망하겠지.
마치 물새가 물가를 찾듯 말이야. 그러나 이 여정은 생
각만큼 순탄치 않다네. 야생 오리는 본능을 그대로 따르
지만, 우리 인간의 생활은 훨씬 복잡하지 않은가. 실제로
뛰어난 지식인들의 삶을 자세히 들여다보면, 의외로 경
제적 어려움, 건강 문제, 가족 갈등 등 크고 작은 장애물
에 시달렸음을 보게 되네. 흥미로운 건, 설령 모든 환경
이 완벽해서 어려움이 없어 보이더라도, '너무 쉬운 환경'
자체가 스스로 생각하고 노력할 기회를 앗아가, 지적 성
장에 독이 될 수 있다는 사실이야.

지적 생활의 본질은 '얼마나 다양한 지식을 쌓았느
냐' 혹은 '얼마나 유창하게 표현하느냐'에 있지 않다네.

그것은 '깊은 생각을 꾸준히 선택하려는 태도'에 있다는 것일세. 어떤 상황에서도 배움의 기회를 발견하고 활용하는 힘, 그것이 지적 생활의 핵심이지. 때로는 가족 부양과 직장 업무에 시달리며 여유 시간을 내기 어려운 독자들도 있을 게야. 그래도 매일 마주치는 사람, 책, 동물, 식물, 심지어 돌멩이와 흙조차도 우리를 일깨우는 스승이 될 수 있다는 사실을 잊지 말게. 결국 우리가 서 있는 자리 자체가 하나의 학교일 테니까.

나이 든 지성인이 가장 후회하는 바가 무엇인지 아나? 그것은 기회가 부족했다는 것이 아니라, 주어진 기회를 제대로 활용하지 못했다는 걸세. 우리에게 중요한 교훈을 주는 사실이지.

물론 최고 수준의 학문이나 예술을 습득하려면 수년간 엄청난 노력이 필요하다네. 누구나 그 길을 완주하기란 쉬운 일이 아니지. 거기에 더해 명성을 얻고자 한다면 더욱 거대한 열정과 시간을 쏟아야 할 거야. 하지만 내가 여러 계층과 처지의 사람들을 지켜본 결과 '진정한 열망만 있다면, 누구나 지혜로운 사고방식을 익힐 수 있다'는 결론에 이르렀네. 꼭 대단한 학위를 따거나 대중적 명성을 쌓지 않아도, 스스로 사고하고 배우는 힘을 기를 수 있다는 말이지.

고대 시절에는 지금처럼 풍부한 지식이나 자료가 없었음에도, 솔로몬과 아리스토텔레스처럼 깊이 있는 지적 생활을 한 인물들이 존재했지. 오늘날은 그야말로 자료와 기술이 넘쳐나는 시대니, 조금만 의지를 갖추고 접근한다면 더욱 깊은 통찰을 얻을 걸세.

지적 생활이란 '완수해야 할 기술'이 아니라 하나의 '상태'라는 것을 다시 강조하고 싶네. 더 높고 순수한 진리를 향해 부단히 걸어가는 과정이지. 크고 작은 진리 사이에서, 완전한 이해와 아직 미흡한 이해 사이에서, 늘 '더 나은 선택'을 하려 애쓴다면, 잠시 헤매는 순간조차 값진 배움이 될 것이네.

이제 나는 이 책을 그대의 손에 맡기겠네. 부디 이 책을 통해, 복잡한 현실 속에서도 자신만의 관점을 찾고, 깊이 있는 이해가 주는 내적 기쁨을 온전히 누리며, 순간의 이익이 아닌 영원히 계속되는 가치를 좇아 한 걸음 한 걸음 나아가길 바라네. 그 과정에서 마주할 새로운 발견과 깨달음이 그대의 삶을 더욱 풍요롭게 하길 기원하네.

필립 길버트 해머튼

차례

제4부. 지적인 삶을 위한 시간 관리

제5부. 똑똑한 사람들의 우정과 사랑

제6부. 지적 생활의 도덕적 기초에 대하여

제7부. 돈으로 살 수 없는 것들

제8부. 일과 삶의 균형 찾기

제9부. 천재들의 작업실 엿보기

제10부. 책과 언어의 숲에서

제1부 —————————————— 멍청해지지 않을
용기

이것저것 얕게 배우다 깊이를 잃은 사람에게

한때 유명한 프랑스 요리사와 이야기를 나눈 적이 있네. 그는 요리라는 예술이 두 가지로 귀결된다고 했지. 하나는 서로 다른 재료들이 어떻게 조화를 이루는가이고, 다른 하나는 열을 적절히 다루는 방법이라네. 그 말을 듣는 순간 나는 요리와 교육이 아주 비슷하다는 생각이 들었네. 이를 깊이 생각해보니, 지성을 기르는 데 필요한 몇 가지 통찰이 떠오르더군.

그 요리사의 대표 음식 중 하나가 가토 드 푸아였네. 한 입 먹으면 독특한 풍미가 입안을 감쌌지. 닭 간이 주재료였지만, 파슬리 같은 부재료도 중요했네. 그는 "파슬리를 조금만 과하게 넣어도 음식의 맛이 망가진다"고 말했지. 다음 날, 일부러 파슬리를 조금 더 넣어 그 차이를 보여주더군. 원래의 풍부한 맛은 사라지고, 쌉쌀하고 역한 맛만 남았네. 이를 보며 나는 요리 재료와 우리가 배우는 지식이 매우 비슷하다는 깨달음을 얻었네. 새로운 지식이 더해질 때마다 우리의 정신과 관점이 달라질 수 있다는 점에서 말일세.

새로운 것을 배울 때마다 우리의 마음 전체가 영향

을 받는다네. 지식을 얼마나 배워야 하는가는 실로 중요한 문제라 할 수 있지. 우리의 존재가 많이 아는 것과 적게 아는 것의 균형으로 결정되기도 하니 말일세. 하지만 단순히 많이 아는 것이 최선은 아니네.

옛 귀족들은 한 분야를 너무 깊이 파고드는 것을 경계했다네. 그들은 지나친 지식이 자신들의 품위를 떨어뜨릴까 걱정했지. 직업 세계에서도 많은 이들이 과도한 지식이 자신의 정체성을 흐릴까 불안해하지 않던가. 단순히 시간 낭비를 걱정하는 이들도 있겠지만, 새로운 공부를 할 때마다 자신의 지성이 변질될까 염려하는 이들도 있다네.

한 영국 작가의 이야기를 들려주겠네. 그는 자신만의 사상을 완벽하게 담아내는 문제를 가지고 있었어. 하지만 로크의 철학 책을 깊이 탐구하기 시작하면서 그의 글쓰기에 균열이 생기기 시작했다네. 글이 더 이상 자연스럽지 않고, 읽는 이들도 어색함을 느끼게 되었지. 결국 그가 지녔던 고유한 문학적 매력은 사라지고 말았네.

미술계에서도 비슷한 일들이 있었지. 지질학에 심취한 어느 풍경화가의 그림은 점차 지질학 교과서의 삽화처럼 변해갔네. 또 다른 화가는 종교적 성향이 지나치게 깊어지면서 자연의 아름다움을 포착하지 못하게 되었고 말이야. 이러한 사례들은 지나친 지식이 어떻게 한 사람의 고유한 특성을 해칠 수 있는지를 여실히 보여준다네.

'지식을 많이 쌓아야 한다'는 통념이 항상 옳은 것은 아니야. 과도한 지식이 오히려 우리의 행동력을 떨어뜨릴 때도 있지. 배워야 할 지식을 선택하는 명확한 기준을 찾기도 쉽지 않네. '내가 진정으로 알고 싶어 하는가'라는 기준이 가장 설득력 있어 보이지만, 이 역시 완벽한 잣대는 아니야. 때로는 자신의 본질과 맞지 않는 분야에만 호기심을 보이는 경우도 있으니 말일세.

새로운 지식은 우리 정신의 새로운 재료가 된다네. 그것이 득이 될지 독이 될지는 우리의 선택과 사용법에 달려 있지. 적절한 수준의 무지는 오히려 우리의 정체성을 보호해줄 수 있다네. 자연이 우리에게 집중력을 주기 위해 '좁음과 제한'이라는 틀을 준 것은 아닐까? 마치 우리가 별들 사이를 자유롭게 오가지 못하고 지구라는 한정된 공간에 머물러야 하는 것처럼 말일세. 어쩌면 우리의 집중력이란 바로 이러한 제약에서 비롯되는 것일지도 모르겠네.

물론 폭넓은 지식을 가진 사람들도 있지. 예를 들어, 프란츠 뵙케♣는 박학다식한 사람이었네. 그는 수학사와 언어학, 고전 교육과 현대어에 정통했지. 하지만 그의 학문적 동력은 특정한 흥미와 재능에서 비롯된 것이었네. 그가 성공할 수 있었던 것은 자신에게 필요한 분야에 집중했기 때문이지.

♣ 프란츠 뵙케(1826~1864)는 19세기 독일의 수학자이자 동양학자로, 아랍 수학 텍스트의 편집과 번역을 통해 동양 수학사 연구에 중요한 기여를 했다.

괴테는 "사유하기 전에 많은 대상을 눈앞에 펼쳐놓아야 한다"고 말했지. 하지만 이는 아무 지식이나 모두 받아들여야 한다는 뜻은 아니네. '나와 맞지 않는 배움'은 오히려 해가 될 수 있어. 히브리 속담처럼 '낙타가 뿔을 얻으려다 귀까지 잃은 꼴'이 될 수 있으니, 쓸모 없는 지식에 매달리다 정작 중요한 것을 놓칠 수 있지 않겠나.

우리가 추구할 수 있는 가장 좋은 방법은 호기심은 간직하되 신중하게 골라 배우는 것이네. '내 몫'이 될 만한 지식을 골라 정신의 풍미를 더 깊이 있게 만드는 것이 중요하지 않겠나. 자네가 권하는 학문도 나는 깊이 생각한 뒤에 시작해보려 하네. 그래야만 그 배움이 내 정신 속에서 '파슬리 잎'처럼 제 역할을 다할 수 있을 테니 말일세.

우물을 하나만 팔지 여러 개 팔지 모르겠는 사람에게

자네도 느끼겠지만, 이젠 세상이 워낙 복잡하고 배울 것이 많아 '한두 가지만 배우겠다'고 마음먹기가 거의 불가능해졌네. 지금 자네가 배우는 것들을 보고 있으면, 늘 손주를 응원하던 할아버지마저 깜짝 놀라실 것 같구먼. 자네 할아버지는 그 시대의 기준으로는 절대 뒤처지지 않는 높은 교양을 갖춘 신사였지.

무엇보다 그분은 라틴어에 정통하셨네. "그리스어는 읽기에 편치 않다"며 대학 이후로 접어두셨지만 라틴어만큼은 매일 고전을 펼쳐 갈고닦으셨지. 그분을 만나본 사람들은 모두 '참 학식 깊은 신사'라는 인상을 받았다고 하네. 한 언어를 깊이 파고들어 얻은 교양과 감흥이, 열두 언어를 겉핥기식으로 맛본 이들이 얻는 것보다 훨씬 크고 깊었을 것이야.

한 세대만 지나도 지적 훈련의 모습이 얼마나 달라지는지 아는가? 현대인의 학습 목록을 보게나. 영어, 그리스어, 라틴어, 프랑스어, 독일어는 물론 수학, 화학, 광물학에 음악, 회화, 사진까지 더해진다네. 어느 하나만 해도 평생을 바치기에 충분한데, 이 모든 것을 한꺼번에 배우려 하니 어느 하나도 제대로 익히기 어렵지 않겠나.

자네 할아버지께서는 '현대 지식을 모르는 시골 신사'로 보일 수도 있었겠지만, 사실은 더 깊은 지혜를 갖추고 계셨다네. 그분은 '시간이 없어 아무것도 못 한다'며 조바심을 내지 않으셨지. 매일매일 읽고 배우는 즐거움으로 천천히 교양을 쌓아가셨네.

그렇게 느긋하게 교양을 축적해 나가셨기에, 이루지 못한 것에 대한 처절한 결핍감이나 '나는 아직도 부족하다'는 불만 따위와는 무관하셨지. 더구나 당대의 뛰어난 라틴어 학자들과 어깨를 나란히 하며 학식의 우월감도 누리셨네. 서재에 앉아 고전을 펼치실 때면 번역본 따위는 필요치 않으셨으니, 마치 '옛 고전의 세계'로 곧바로 들어설 수 있는 특권을 지니신 셈이었네.

바로 이런 '즉시 입장할 수 있는 특권'이야말로 한 우물을 깊이 판 이들만이 누릴 수 있는 혜택이 아니겠나. 여러 분야를 겉핥기식으로만 배우면, 기초가 흔들리거나 언어 장벽에 막혀 늘 '대기실'에서 맴돌 위험이 크지. 자네처럼 다양한 교양을 이미 갖춘 사람이라 해도, 어느 한 분야를 잠시 멀리 했다가는 1년쯤 지나면 그 문이 다시 닫혀버리고 말아. 마치 각각의 지식의 방마다 '매일 찾아오는 사람만 받아들이라'는 규칙이 새겨져 있는 것 같지 않나.

여러 분야를 한꺼번에 공부하며 모든 것을 동시에 유지하기는 어렵다네. 사람의 관심이나 필요에 따라 어느 한두 가지에 집중하다 보면, 나머지는 소홀해지기 쉽고, 그것을 다시 쓰려면 처음부터 재구성해야 하거든. 흔히 '녹이 슬었다'고들 하는데, 사실 녹 정도가 아니라 구조적 해체에 가깝네. 녹슨 금속은 갈아내거나 보관이라도 할 수 있지만, 지식은 핵심 요소들이 아예 사라져버려 다시 쓰려면 처음부터 새로 배워야 하지. 그러다 보면 정작 필요할 때는 이미 늦어버리고 마는 법일세. 그래서 나온 말이 '습관적으로 쓰는 지식만이 필요할 때 바로 쓸 수 있는 유일한 지식'이라는 격언일세.

농부가 밭 구석구석을 가꾸듯 애정을 쏟는 삶이야말로, 적어도 '학습'에 관해서는 가장 이상적인 모습이겠지. 하지만 이렇게 말한다고 해서 모든 고민이 해결되는 것은 아니네.

요즘 교육은 여러 분야를 겉핥기로 맛보게 하는 데만 치중할 뿐, 한 분야에 깊이 몰입하도록 이끌어주지는 못하는 것 같네. 마치 '아이가 어릴 때부터 여러 분야를 두루 경험하게 해주고 싶다. 그래야 나중에 자기가 원하는 것을 고를 때 훨씬 자유롭게 선택할 수 있을 테니까'라고 말한 어느 영국 부자의 생각처럼 말일세.

요즘 부모들은 한 가지만 선택하자니 '혹시 잘못 고르면 어쩌나' 하는 불안을 떨치기 어려워하네. 예전처럼 인류의 지식이 적었다면 이런 걱정도 덜했겠지만, 이제는 지식의 유산이 너무 많아져서 무엇을 골라야 할지조차 막막해. 옛사람들은 배울 것이 적어서 깊이 있게공부할 수 있었지만, 우리는 그들과 같은 머리를 가졌으면서도 학습해야 할 것이 몇 배나 더 많아졌네. 그들은 '제대로 배웠고', 우리는 '배우려 애쓸 뿐'이지.

모든 것을 피상적으로 스치듯 지나가기엔 인생이 너무나 짧지 않은가. 자네도 어느 시점에서는 한두 길을 택해 깊이 몰두해보게. 이처럼 과부하의 시대를 사는 우리에게 허락된 최고의 낙원은, 바로 그 한두 분야에서 누리는 깊이일 테니까. '얕은 성취 스무 개'보다는 '하나에서 맺는 풍성한 결실'이 훨씬 더 큰 만족을 가져다줄 것일세.

완벽한 교육이 존재한다는 환상을 품은 사람에게

학사 학위를 가진 어떤 이가 저명한 화가를 두고 "교육을 반만 받은 사람"이라 했을 때, 그 말은 내 머릿속에서 마치 풀어야 할 숙제처럼 계속 떠올랐지.

이제 '완성된 교육'이란 과연 무엇인지, 근본적인 질문을 던져보겠네. 교육을 '반만 받았다' 혹은 '완전히 받았다'라고 분수처럼 나눌 수 있을까? 이는 마치 학교 선생님이 학생들에게 매기는 점수표 같은 느낌을 주지 않나. 우리는 모두 알고 있지 않은가. 교육의 가치는 시험 점수나 성취 목록 같은 수치로 측정될 수 없다는 것을.

청소년기에는 '완전한 교육'이 존재하며 그것을 이룰 수 있다는 믿음이 필요할지 모르네. 하지만 우리처럼 다양한 경험을 한 성인이라면, 누구도 완전한 교육을 마칠 수 없다는 사실을 깨닫게 되지. 오히려 타고난 재능이 많은 사람일수록 그 재능을 전부 교육으로 꽃피우기는 더욱 어려워진다네.

현대사회는 점점 더 세분화되고 전문화되어 가고 있네. 르네상스의 거장 레오나르도 다빈치조차 오늘날의 기준으로 보면 특정 분야의 전문가이거나 여러 분야를 다루는 만능 아마추어에 그쳤을 것일세. 그의 시대에도 모든 재능을 완전히 꽃피우지 못했는데, 오늘날은 더욱 어렵지 않겠나? 실제로 다빈치가 미술에만 전념했다면 더 높은 경지에 도달했을지도 모르네. 하지만 그는 공학과 과학에도 관심을 두었고, 매번 붓을 다시 들 때마다 오래 뜸 들였다고 하네.

'교육'이라는 말 자체가 쓰이는 맥락이 워낙 달라서, 어떤 의미인지부터 분명히 해야 해. 자네가 말하는 교육은 '지식의 축적'을 의미하는가, 아니면 '능력의 계발'을 뜻하는가? 만약 전자라면 '반만 교육받은 사람'은 필요한 지식을 절반밖에 배우지 못한 사람을 뜻하겠지. 그러면 필요한 지식의 목록은 누가 정하는가? 이 기준이 자의적이라면, '완전한 교육'은 결국 환상에 불과하네.

우리에게 필요한 것은 다빈치의 천재성이 아닐세. 자기 분야에서 뿌리 깊은 나무가 되면서도, 다른 분야에 기울일 수 있는 겸손한 귀를 지니는 것이지. 한 분야에 깊이 매료되어 있으면서도 타인의 열정을 이해할 수 있는 사람, 그런 이들이야말로 이 시대의 진정한 '교육받은 사람'이 아니겠나. 모든 것을 알아야 하거나, 한 우물만 파야 할 필요는 없다네. 진정한 지혜는 자신의 무지와 불완전함을 받아들이며 다른 이의 지혜를 빌릴 줄 아는 용기에서 비롯된다네.

허울뿐인 교양이 아닌 진짜 공부를 선택한 사람에게

지적인 삶을 추구하는 사람들이 사회적 압박 속에서 살아가기란 참으로 어려운 일이라네. 지적 탐구를 방해하는 온갖 사회적 영향력 속에서도 일상을 이어가려면 상당한 인내가 필요하지. 이런 균형 잡기는 성숙한 나이에도 어려운 과제이며, 젊은 시절에는 거의 불가능에 가깝다네.

사회의 본질을 한번 살펴보세. 사회는 실제보다 겉모습에 의존할 수밖에 없는 구조라네. 마치 금박을 얇게 입힌 장식품처럼, 겉으로는 화려해 보여도 그 속은 빈약하지. 실체, 즉 금의 양보다 중요한 것은 아주 적은 양으로도 넓은 표면을 능숙하게 덮어씌우는 '도금' 기술이지. 세련된 사교계의 교양이란 바로 이런 것이라네.

사회는 구성원에게 문학과 예술 걸작들을 알고 감상하는 척하라고 요구한다네. 사회에 떠밀려 아는 척하는 사람들이 진짜로 어떤 지식을 지녔는지, 그리고 무엇에 관심을 두는지 알아내기는 쉽지 않아. 그들이 직접 마음을 터놓기 전까지는 말일세.

세련된 교육이라 불리는 것을 한번 보게나. 사회는

많은 것을 겉으로라도 알고 있어야 한다고 강요하면서, 정작 아는 것이 없다는 솔직한 고백은 용납하지 않는다네. 그렇다고 깊이 있는 지식을 요구하는 것도 아니지. 여성은 음악적 재능과 상관없이 피아노를 배웠다고 말해야 하고, 남성은 라틴어를 아는 척해야만 해.

이런 겉치레의 가장 큰 해악은 무엇인가? 진짜 지식이나 재주가 가진 가치를 떨어뜨리고, 참된 성취를 향한 열정을 식게 만든다네. 내가 아는 이 중에 라틴어에 정통한 사람이 있네. 오늘날 제대로 된 라틴어 실력을 갖춘 이는 매우 드문데도, 사교계에서는 그의 학식이 전혀 빛을 발하지 못하지. 누구나 다 라틴어를 안다고 떠들어대니, 진정한 학자를 알아보기가 어려워진 탓이네.

나는 이러한 '지식 흉내'가 무조건 나쁘다고 생각하는 게 아니네. 이런 흉내라도 내는 덕분에 우리가 완전한 무지의 상태로 떨어지지 않을 최소한의 빛을 얻었지 않았겠나. 마치 도금이 순금은 아니더라도 어느 정도의 진짜 금이 필요한 것처럼 말일세.

하지만 허세로 가득 찬 사회는 지적인 사람에게 깊은 고독감을 안겨주지. 굳은 의지로 자신의 탐구에 몰두하더라도, 사회적 성공을 위해 허세로 만들어진 기준을 넘어서는 것이 얼마나 쓸모없는 일인지 회의감이 들기 마련이야.

지적 탐구에 몰두하는 사람은 필연적으로 세련된 사교계의 요구를 완벽히 따르지 못한다네. "사회가 진짜

로 중요시하는 일은 절반의 노력으로도 충분한데, 왜 이
토록 많은 열정을 쏟아붓고 있나?"라는 생각이 자꾸 들
게 되지. 지금 자네가 딱 그런 상황이지 않을까 싶어.

　"당구나 사냥 실력도 예전만 못하고, 승마도 서툴러
'풋내기 늙은이'가 된 기분이야. 그 대가로 얻은 건 유럽
에서 고작 여섯 명만 이해할 학문과 곧 시대에 뒤처지고
잊혀질 과학적 전문성뿐이라니"라는 한탄이 앞설 수밖
에 없네.

　실로 세련된 사회에서 성공하려면 높은 지적 성취
보다 오락의 기술이 더 유용하다네. 훌륭한 사격 실력,
뛰어난 승마 실력, 탁월한 당구 실력이 젊은 신사들 사이
에서 가장 중요하게 여겨지지. 물론 이 기술들을 비난할
생각은 없네. 훌륭한 기수는 존경할 만하고, 당구는 그
자체로 완벽한 게임이라 할 수 있지. 하지만 일부 젊은
신사들처럼 이런 기술들을 연마하려면, 그들만큼 시간
을 투자해야 하네. 하루 아홉 시간을 진지한 학문에 바친
다면, 과연 기술을 연마할 여유가 있겠는가?

지금 당장 쓸모 있는 공부를 하고 싶은 사람에게

자네가 무엇을 공부하든, 누군가는 그것을 쓸데없는 시간 낭비라고 말할 것이네. 이런 말에 흔들린다면, 결국 모든 학문을 하나씩 포기하게 될 거야. 그러면 머릿속에는 텅 빈 무지(無知)만 남을 것이네. 언어부터 한번 생각해보세. 실용주의자들은 오랫동안 라틴어나 그리스어를 배우는 것을 쓸데없다고 치부해왔지. 그렇다면 의사나 변호사, 예술가나 가게 주인에게 있어 고등 수학의 유용성은 어디에 있다는 말인가? 예로부터 '진지한 학문'으로 여겨져 온 것들조차 이렇듯 무용하다고 간주되는 형편이니, 교양 범주에 드는 다른 공부들은 더 쓸모없는 일이라고 비난받기 쉽네.

"그림 공부를 해봤자 어설픈 스케치밖에 못 그리는데 왜 하는가?" "아마추어 수준으로밖에 연주하지 못한다면, 천 시간을 들여 음악을 공부한들 얻는 게 무엇인가?" "외국어를 조금 배운다 한들, 식당에서 주문하는 말 몇 마디 익히는 수준에 불과하지 않은가?" "본업도 아닌데 동물이나 식물을 연구해서 무엇을 얻을 수 있겠는가?"

우리는 '교양'을 얻기 위해 공부하네. 지성과 정신의 도구를 확장하고 갈고닦기 위함이지. 이것이 학문의 본래 목적일세. 더욱이 인간의 일이란 예측하기 어려운 법이라, 우리가 한 공부가 언제 어떻게 쓰일지 미리 알기 어렵네. 겉보기에 전혀 관련 없어 보이는 분야의 지식조차 뜻밖의 방식으로 유용하게 쓰일 수 있거든.

예를 들어, 풍경화를 그리는 화가에게 고대사 공부가 무슨 의미가 있겠느냐고 생각할 수도 있네. 여기에는 중요한 실마리가 숨어있다네. 고대사에 대한 이해는 특정 장소가 지닌 '인간적 흔적'을 깊이 느끼도록 도와주지. 같은 풍경이라도 과거의 영웅이나 사상가들이 살았던 무대이거나, 역사적 사건이 펼쳐진 곳이라는 사실을 알게 되면, 화가의 눈에는 그 풍경이 전혀 다른 의미로 다가온다네. 결국, 풍경화에 영감을 주는 중요한 요소 중 하나는 장소에 깃든 사람의 감흥이니 말일세.

일부 해외 평론가들은 영국 풍경화가들이 식물학에 관심을 갖는 것을 '본질과 무관한 호기심' 정도로 치부하며 비판하곤 하네. 하지만 생각해보게. 식물학에 대한 지식이 있다면, 화가는 식물의 형태와 생육 원리를 더 깊이 이해하게 되고, 그에 따라 관심도 더욱 깊어지지 않겠나? 이는 그림을 그리는 열정을 키울 뿐만 아니라, 권태나 반복에 쉽게 지치는 일도 훨씬 줄여줄 것일세. 더욱이 '정확한 식물 형태'를 기억하는 데도 큰 도움이 될 테고 말일세.

음악은 언뜻 보기에 다른 예술 활동과 무관해 보일 수도 있지만, 사실 감정과 창작 활동에 적지 않은 영향을 끼친다네. 음악가가 되려면 소리의 셈여림을 지혜롭게 조절하고, 언제 경쾌하게 달려야 하며 언제 장엄하게 느려져야 하는지를 터득해야 하지 않겠나. 또한 한 흐름을 유지하며 변화가 찾아올 때까지 인내하는 법도 배워야 하네.

이러한 감각이 몸에 배면, 미술이나 문학, 연설 등 다른 예술에서도 자연스럽게 균형을 잡을 수 있게 되지. 음악가로서 박자 감각과 조화로운 흐름을 익힌 사람은 결국 모든 예술에 두루 통하는 안목과 판단력을 갖추게 되는 법일세.

'간접적으로 얻은 배움'이 얼마나 유용한지 더욱 깊이 와닿네. 어떤 지식이 작가에게 나중에 꼭 필요해질지는 아무도 미리 알 수 없기 때문이지. 아무리 독창적인 작품이라도 그 영감은 결국 다른 곳에서 얻어온 것이네. 책을 읽다가 예상치 못한 아이디어를 얻을 수도 있고, 무심코 읽은 한 문장이 반짝이는 생각으로 이어질 수도 있네.

시인처럼 감정과 상상력을 주로 다루거나, 소설가처럼 역사 자료까지 연구할 필요가 없어 보이는 분야라도, 실제로 그들의 글을 보면 다양한 분야의 공부가 절반 이상을 차지하고 있을 거야. 예를 들어, 스콧의 작품에서 옛 기록과 역사 검증을 모두 제외한다면, 그의 대표작 상당수는 아예 쓰여지지 못했을 거야. 골드스미스가 기이한 방랑과 이곳저곳에 쌓은 엉뚱한 지식을 모조리 잊었다면, 그 유명한 『여행자(The Traveller)』는 존재할 수 없었겠지. 『웨이크필드의 목사』도 반쪽짜리가 됐을 테고 말일세.

바이런이 고전 교육과 해외여행에서 얻은 체험이 없었다면, 『차일드 해럴드의 순례』는 결코 탄생하지 못했을 것이네. 중세부터 근대까지 북해에서 지중해에 이르는 수많은 문학 작품에 두루 관심을 기울이지 않았다면, 윌리엄 모리스 역시 『지상의 낙원』 같은 역작을 구상하거나 완성할 수 없었을 것이네.♣

이탈리아어가 반드시 필요하다고 주장하는 사람은 아마 많지 않을 것이네. 하지만 로스코의 명성이 처음부터 '이탈리아 문학에 대한 애정'에서 비롯됐다는 사실을 보면 그 중요성을 깨닫게 되지. 그가 처음부터 로렌초와 레오 10세의 전기를 쓸 생각을 했던 것은 아니었어. 그저 이탈리아어에 매료되어 공부하다가, 자연스럽게 피렌체 최고의 가문에 관심을 갖게 되었고, 그

♣
본문에 언급된 인물들은 18-19세기 영국 문단을 대표하는 작가들이다. 스코틀랜드의 소설가 월터 스콧(1771~1832)은 『아이반호』로 대표되는 역사소설의 선구자였으며, 아일랜드 출신 올리버 골드스미스(1728~1774)는 『웨이크필드의 목사』에서 영국 농촌의 현실을 예리하게 포착했다. 낭만주의 시인 조지 고든 바이런(1788~1824)은 『차일드 해럴드의 순례』를 통해 개인의 자유와 감정을 노래했으며, 은행가이자 역사가였던 윌리엄 로스코(1753~1831)는 『로렌초 데 메디치의 생애』로 이탈리아 르네상스 연구에 큰 족적을 남겼다.

결과 이 두 인물의 전기를 집필하게 됐을 뿐이지. 학문을 통해 우연히 빠져든 주제가 인생 최고의 업적으로 이어지는 것보다 더 확실한 예시는 없을 것이네.

　　어떤 공부를 하든 다른 사람들이 쓸모없다고 하더라도 망설이거나 포기하지 말게. 그 배움이 문학을 하려는 우리에게 얼마나 소중한 토양이 되고, 창작의 동력이 될지는 아무도 미리 알 수 없으니까. 진정한 학문은 언제 어디서든 창작과 지적 성장의 뿌리가 되어주지 않던가. 설령 그 길이 멀고 돌아가는 듯 보여도, 그 끝에서 반드시 좋은 결실을 맺으리라고 나는 믿네.

완벽하지 않으면 불안한 사람에게

'아마추어 활동'이 시간 낭비일까 걱정하는 마음에 나도 공감하네. 하지만 '아마추어의 공부'와 '진지한 학문'을 구분 짓는 기준에는 모순이 있다네. 예를 들어, 취미로 그림을 그리는 사람은 '아마추어'로 불리지만, 서툴게 라틴어를 공부하는 사람은 '교양 있는 사람'으로 인정받지. 이는 사회적 편견이 만든 이중잣대라 할 수 있네.

실상 우리 대부분은 전공 분야에서조차 완벽한 전문가가 되기 어렵다네. 관심 있는 분야를 공부해도 아마추어 수준에 머무는 경우가 많지. 그럼에도 우리는 이런 불완전한 지식과 경험을 바탕으로 생각하고, 배우고, 창작하며 살아가네. 우리가 가진 고전어 지식이 음악을 취미로 하는 수준보다 더 뛰어나다고 누가 자신 있게 말할 수 있겠는가? 결국 우리 모두는 완벽에 이르지 못한 채 어느 지점에서 만족해야 하는 '교양인'이자 '아마추어'라 할 수 있겠네.

어느 날 누군가 나폴레옹 1세에게 황태자에게 음악가 기질이 있냐고 묻자, 황제는 "딜레탕트✚ 기질을 부추기고 싶지 않다. 내 아들을 코부르크 일가처럼 만들고 싶지 않다"고 답했다고 하네. 하지만 정작 황제도 아들처럼 어떤 면에서는 아마추어였지. 다만 두 사람이 빠져든 '아마추어의 영역'이 달랐을 뿐이네. 나폴레옹 2세가 음악과 미술에 깊은 관심을 보였다면, 나폴레옹 1세는 역사와 고고학, 고전어에 빠져있었네. 더욱 아이러니한

것은, 황제가 '아마추어 장군질'에도 남다른 열의를 보였다는 점이네. 그 결과가 어떤 비극을 낳았는지는 우리가 모두 알고 있지 않은가.

이건 단순한 역사적 일화가 아니네. 자신의 본업에서조차 깊이 있는 전문성을 갖추지 못한 지도자가 얼마나 큰 해악을 끼치는지를 보여주는 교훈이지. 황제는 아들의 음악 취미는 걱정하면서도, 정작 자신의 피상적인 군사 지식이 초래할 위험은 깨닫지 못했던 거야.

이게 바로 우리가 경계해야 할 딜레탕티즘의 위험이라네. 특히 한 나라의 운명을 좌우하는 자리에서는 이를 더더욱 경계해야만 하지.

요즘 교육도 사실상 다방면에 걸친 '재주 부리기'를 유도하고 있네. 직업훈련 단계에 이르러서야 비로소 학습 열정이 한 분야로 깊이 집중되지. 우리 아이들은 온갖

분야를 어설프게 배워도 칭찬을 받고 상을 받으니, '진정한 숙달'이 얼마나 멀고 험한 길인지 알 기회가 별로 없다네.

그러니 자네에게 권하건대, 너무 야박하게 "이건 쓸모가 없네" 하며 냉담하게 대하지는 말게. 그리고 자네 아들이 무언가를 반쯤만 알고 있을 때와 그것을 완벽히 통달했을 때가 얼마나 다른지 직접 체감할 수 있도록 이끌어주는 것은 어떻겠나. '그럴싸한 경지'와 '완벽한 숙달' 사이에는 자연이 정해놓은 엄청난 노동의 대가가 있음을 분명히 보여주는 것이 중요하네. 대부분의 사람은 이를 한참 뒤늦게 깨닫게 되지만, 그러한 자각이야말로 공허한 활동을 진정시키는 가장 강력한 수단이 된다네.

"쓸모없는 공부는 없다."

우리 뇌는 뜻밖에도 건축가와 같다. 새로운 것을 배울 때마다 신경망이라는 길을 만드는데, 이 길들은 우리의 예상을 완전히 벗어나는 곳으로 이어진다. 마치 도시 계획 없이 자연스럽게 형성된 골목길처럼, 그 길이 어디로 통할지는 아무도 모른다.

스티브 잡스의 이야기는 이런 뇌의 신비로운 작동 방식을 잘 보여주는 사례다. 대학 시절, 그는 '이걸 배워서 어디에 쓰지?'라는 생각이 절로 들 법한 캘리그래피 수업을 들었다. 하지만 배움은 예상치 못한 방향으로 흘러갔다. 그 손 글씨 수업이 디지털 폰트의 혁신으로 이어질 줄, 누가 상상이나 했을까?

실리콘밸리는 이런 우연의 마법을 체계화한 곳이다. 영화광과 데이터 과학자가 만나 넷플릭스의 추천 알고리즘을 만들고, 생물학자와 디자이너가 협업해 자연을 닮은 혁신적 제품을 탄생시킨다. 음악가와 프로그래머가 한 팀이 되어 새로운 차원의 사용자 경험을 만들어낸다.

이것은 단순한 융합이 아니다. 서로 다른 신경망이 예기치 않게 만나

폭발적인 시너지를 내는 순간이다. 마치 도시의 골목길들이 우연히 교차해 새로운 광장을 만들어내는 것처럼 말이다. 그래서 새로운 배움은 결코 낭비가 될 수 없다. 어떤 길과 만나 어떤 혁신을 만들어낼지, 아무도 알 수 없기 때문이다. 단, 여러 길을 동시에 내다가 제대로 된 길을 하나도 만들지 못하는 것은 경계해야 한다. 우리에게 필요한 것은 한 번에 여러 갈래의 얕은 길이 아니라, 하나씩 차근차근 만들어가는 깊이 있는 길이다.

우리가 해야 할 일은 단순하다. 당장의 쓸모는 보이지 않더라도, 관심가는 분야를 발견하면 그 길을 제대로, 깊이 있게 파고드는 것이다.
자, 이제 의미 있는 배움을 위한 몇 가지 구체적인 제안을 해보겠다.

① **수동적인 정보 소비에서 벗어나자.** 유튜브 알고리즘이 추천하는 영상만 보지 말고, 스스로 능동적으로 새로운 지식을 찾아본다.

② **기술의 원리를 이해하려 노력하자.** 새로운 기기를 살 때 스펙만 확인하지 말고, 기술이 어떻게 작동하는지 깊이 들여다본다.

③ **일상의 당연함에 의문을 가져보자.** 매일 마시는 커피도 어떻게 만들어지는지, 왜 그런 맛이 나는지 한번쯤 생각해본다.

④ **자신의 분야에서도 새로움을 찾자.** 10년 전 배운 지식에만 의존하지 말고, 꾸준히 최신 동향과 변화에 관심을 가져본다.

제2부 ——————————— 신체적 기초 없이
머리 쓸 생각은 하지 마라!

칸트의 철저한 루틴 관리에 대하여

자네에게 철학자 칸트♣의
이야기를 해주고 싶네. 그는
200여 년 전 자기 관리의 대가
였어. 칸트는 자신만의 독특
한 방식으로 몸을 돌보는 법
을 터득했네. 잠자리에 들 때
면 이불을 어깨 위로 감아올

♣
임마누엘 칸트(1724~1804)
는 독일의 철학자로, 매일 같
은 시간에 일어나 독서와 사
유로 정신을 수련하며 절제
된 삶을 실천했다. 하지만 그
의 자기 관리는 단순한 습관
이 아닌 '도덕적 의무'였다. 칸
트는 인간의 본능을 다스리고
이성적으로 행동하는 것이 우
리의 책무라 믿었다.

린 뒤 아래로 당겨, 마치 누에고치처럼 몸을 포근히 감쌌
다지. 이불을 완벽하게 두른 후에는 친구에게 이렇게 말
하곤 했다네.

"나만큼 건강한 이가 어디 있겠나?"

철학자의 일화 중에서 이보다 더 인상적인 장면이 있
을까 싶네. 만약 그가 '나보다 더 현명하고 박식하며, 영원
한 명예를 누릴 만한 사람이 또 있을까?'라고 생각했다면,
그것은 그저 개인적인 자부심에 불과했을 거야. 다른 이
들의 눈에는 허세 가득한 모습으로 비쳤을 것이고. 아무
리 지혜롭고 학식이 뛰어난 사람이라 해도, 그 재능은 종
종 육체의 고통 앞에서 무력해지곤 한다네.

하지만 칸트가 매일 밤 몸을 말아 올리며 했던 말에는 의심할 여지 없는 행복이 담겨 있었어. 이는 단순히 타고난 체질의 덕만도 아니었어. 그의 철저한 자기 관리가 만들어낸 결과였어. 신경과민인 사람처럼 노심초사했던 것이 아니라, 차분하고 꾸준하게 몸 상태를 관찰하고 습관을 다듬은 덕분에 30년이 넘도록 매일 같은 시각에 일어날 수 있었던 거야.

당시에도 현명하지 못한 사람들이 있었네. 낮에는 두통을 호소하고 밤에는 포도주를 마시며, 그로 인해 다시 두통에 시달리는 어리석은 이들이었지. 그러나 칸트는 철학자로서 지적 활동을 안정적으로 이어가려면 규칙적인 건강 관리가 무엇보다 중요하다는 것을 알고 있었지. 그리고 이를 실천하기 위해 최선을 다했네.

그의 아침은 매우 단순했어. 오전 다섯 시, 차 한 잔과 담배 한 대로 시작하여 여덟 시간 동안 쉬지 않고 강의나 글쓰기에 몰두했지. 오후 한 시에 하루 단 한 번의 식사를 하고, 저녁은 먹지 않았네. 당시 관습을 벗어난 행동이었지만, 칸트는 이것이 자신의 신체 리듬에 가장 적합하다고 믿었거든. 수면의 질도 철저히 관리했는데, 잠들기 15분 전에는 어떤 깊은 생각도 하지 않았다네.

이런 엄격한 규칙을 통해 칸트는 몸과 마음을 최상의 상태로 유지했다네. 그의 지속력과 집중력은 당대의 다른 지적 생활자를 압도했지. 칸트는 규칙적인 생활 속에서 자신만의 조용한 행복을 찾았어.

제2부. 신체적 기초 없이 머리 쓸 생각은 하지 마라!

하지만 그의 체계적인 생활도 한 가지 비판받는 점이 있었지. 바로 지나친 규칙성이었네. 그의 습관은 너무 세밀하게 정해져 있어서, 집 안에서만 가능했고 극도로 고요한 일상에서만 유지될 수 있었어. 그래서 칸트는 여행도 하지 않았고, 결혼도 하지 않았어. 만약 그의 인생에 큰 변화가 찾아왔다면, 그가 누리던 장점이 오히려 단점이 되지 않았겠나. 대부분의 삶은 이처럼 세밀하게 조절되기가 쉽지 않으니까.

그럼에도 칸트의 예시가 주는 가치는 분명하네. 그는 관습에 얽매이지 않고 자신에게 '맞는 생활 방식'을 용기 있게 찾아냈어. 지적 생활을 최고 수준으로 끌어올리고자 한다면, 의연히 자기 몸에 맞는 생활을 택할 결단력이 있어야 하잖나. 내가 아는 한 작가는 매일 오전 열한 시만 되면 몸이 안 좋아져서 "내 팔자야…"라며 한탄했네. 알고 보니 그의 아침 식단이 질 나쁜 커피 두 잔과 기름진 음식이었더군. 그 나라 아침 문화에 따라 습관적으로 배를 채우고 있었던 거야.

결국 그는 습관을 바꾸어, 열 시 반쯤 가벼운 공복을 견디다가 잘 조리된 식사와 포도주 반병을 곁들이게 되었고, 건강 상태가 놀랍도록 좋아졌네. 예전에는 좋아하지 않는 음식을 소화시키느라 지쳐, 오전 내내 몸 상태가 좋지 않았던 것이야. 반대로, 파리에 사는 한 영국인은 파리식 아침을 먹었다가 일이 잘 풀리지 않아 든든한 영국식 아침과 진한 차를 여덟 시에 먹고 저녁 여섯 시까지 아무것도 먹지 않으니 훨씬 낫더라고 했지.

　　정신을 최상의 상태로 유지하려면 결단력이 필요하네. 자신에게 가장 유리한 방식으로 생활을 조절할 용기 말일세. 현명한 사람은 자신의 활동을 방해하는 관습의 굴레에서 과감히 벗어날 줄 안다네. 우리도 남을 맹목적으로 따르기보다는, 자신에게 맞는 생활 방식을 찾아 실천하는 용기가 필요하네.

형편없는 기억력을 걱정하는 사람에게

당신이 한숨 쉬며 말하는 '형편없는 기억력'은 사실 특별한 재능일세. 단순히 기억력이 부족한 것이 아니라, 선택적 기억력의 증거라고 할 수 있기 때문이지. 잊는 것은 기억하는 것만큼이나 중요한 정신 활동이라네. 당신의 기억력은 무수한 정보 속에서 가치 있는 것만을 선별하여 저장하고 나머지는 흘려보내 정신을 보호하는 걸세.

괴테♣가 젊은 시절 열정적으로 학문을 탐구했던 사례가 이를 잘 보여주지. 그는 법학도로서는 부족했을지 모르나, 다양한 분야에 관심을 가져 결국 풍부한 지성을 갖추게 되었지. 만약 법학만 공부하도록 강요받았다면, 그의 놀라운 학습 능력은 결코 드러나지 못했을 것일세.

♣ 독일 프랑크푸르트의 법률가 집안에서 태어나 네 살에 이미 4개 국어를 구사한 괴테 (1749~1832)는 '마지막 르네상스인'이라 불릴 만큼 다재다능한 인물이었다. 『파우스트』와 『젊은 베르테르의 슬픔』으로 세계문학사에 큰 족적을 남겼을 뿐 아니라, 식물학자로서 새로운 식물 종을 발견하고 물리학 색채이론을 연구했으며, 바이마르 공국의 재상으로서 정치적 수완도 발휘했다.

프랑스 사상가 몽테뉴의 말을 들어보게.

"잘 채워진 머리보다 잘 단련된 머리가 더 낫다. 우

리는 짐을 지는 당나귀가 되어서는 안 된다. 책의 구절들을 빌려 쓰는 것이 아니라, 그 정수를 우리의 것으로 만들어야 한다."

자신의 지적 양분이 되지 못한 것들로 기억을 채운 사람이 왜 결국 본인의 기억력이 형편없다고 믿게 되는지를 명쾌하게 설명해주는 말이네.

독일 철학자 아르투어 쇼펜하우어는 이런 말을 남겼어.

"많이 읽는 것보다 잘 읽는 것이, 많은 것을 아는 것보다 잘 아는 것이 더 가치 있다. 우리가 읽은 것은 모래 위에 쓴 글자처럼 시간이 지나면 지워지지만, 깊이 생각하고 이해한 것은 바위에 새긴 글자처럼 영원히 남는다."

결국 우리가 추구해야 할 것은 '완벽한' 기억력이 아니라 '현명한' 기억력일세. 마치 정원사가 잡초를 뽑아내고 귀중한 식물만을 키우듯 말일세. 당신의 소위 '형편없는' 기억력은 어쩌면 당신의 가장 큰 재산일지도 모르네. 정신이 건강하게 작동한다는 증거이자, 더 깊은 사고와 이해를 위한 토대가 되기 때문이지.

운동을 소홀히 하는 사람에게

우리는 참 이상한 습관이 있지. 하지 말아야 할 일은 하면서 해야 할 일은 외면하네. 하루 종일 책을 읽고 새벽까지 글을 쓰면서도, 운동은 몇 주째 미루는 식이야. 정신은 혹사하면서 몸은 방치하는 모순 속에 살고 있어. 의사가 지친 눈을 보고 두뇌의 피로를 진단하기 전에, 자연이 먼저 경고를 보내지. 소화도 더뎌지고 신경도 예민해지는 것이 바로 그 증거일세.

내가 아는 55세 동갑내기 두 사람 이야기를 해주지. 이들은 놀라운 체력을 유지해오고 있는데, 그 비결이 단순하면서도 강력하더군. 바로 '의지'라네. 한 사람은 같은 지역에 네 채나 되는 집을 가지고 있으면서도, 마차와 같은 교통수단을 쓰지 않고 도보로만 이동한다네. 그는 걷기의 달인이 되어 친구들이 그의 체력을 경이롭게 바라보지. 다른 한 사람은 큰 사업체를 운영하며 직원들에게 운동의 본보기가 되고 있어. 이 두 사람은 한목소리로 말하더군. 매일의 운동 습관은 한 번 깨지면 회복하기 힘들다고.

우리에게도 이런 운동의 절대적 가치를 믿는 신념

이 필요하지 않겠나. 날씨와 상관없이 나가서 몸을 단련하는 결단, 그리고 아무리 급한 과업이 닥쳐도 몸을 위한 시간을 확보하려는 용기 말일세. 안타깝게도 대부분의 지적 생활자에게 이 믿음은 희미하기만 하지. "운동하는 시간만큼 공부나 연구에 썼다면 더 나았을 텐데" 하는 생각이 마음 한편에 자리 잡고 있기 때문이야.

물론 짧은 시간 단위로 보면, 신체 활동과 지적 활동은 서로 양립하기 어려워 보일 수도 있네. 하지만 인생이라는 넓은 시간의 범위에서 보면, 몸과 정신은 서로 상생할 수 있다네. 몸이 건강할수록 정신도 맑아지고 생기도 넘치기 마련이지. 잠시는 운동 없이도 건강을 유지할 수 있을지 모르나, 긴 안목으로 보면 꾸준한 운동을 통한 체력 관리야말로 중요한 지적 과업을 이루기 위한 가장 단단한 토대가 되지 않겠나.

역사 속 위대한 창조자들을 보게. 워즈워스는 도보여행♣을 즐겼고, 괴테는 달빛 아래서 수영하고 스케이트를 탔네. 훔볼트는 허약했지만 운동으로 단련해 위대한 탐험을 준비했고, 레오나르도 다 빈치는 가난해졌지만 말을 팔지 않고 승마를 즐겼지.

♣
워즈워스는 평생 약 28만km를 걸었다고 추정된다. 지구 일곱 바퀴를 돈 셈이다. "구름처럼 외롭게 방황하다"라는 그의 시구는 실제 경험에서 나왔다 할 수 있다.

대부분의 도시에 사는 이들은 야외 활동을 줄이고, 체조나 헬스로 대신하려 하더군. 체계적으로 특정 근육을 단련한다는 장점은 있겠지만, 산바람과 바람결이 주는 상쾌한 자극까지 누릴 수는 없지 않겠나. 사실 우리에게는 단순한 '운동'만이 아니라, 비바람이나 추위 같은 날씨의 변덕에 기꺼이 몸을 맡기는 '노출' 자체도 큰 자양분이 된다네.

　　내가 아는 우체부는 1년에 무려 8,000마일을 걸어 다니는데, 그는 규칙적인 생활로 완벽한 건강을 누리고 있다네. 공장 노동자 중에도 몸을 많이 쓰는 이들이 있지만, 그 우체부와 같은 밝고 활기찬 기운을 가지긴 쉽지 않지. 그는 아침마다 종달새처럼 기운차게 우리 집 문을 두드리고, "오늘도 어제와 같은 길을 잘 걸어왔지요!"라며 환하게 웃는다네. 시간을 아끼고자 운동을 압축하려 했던 시도는 프랭클린♣♣도 실패했어. 짧고 격렬한 운동이 오래 지속하는 적당한 운동을 대체할 수는 없지.

　　신선한 공기를 마시는 걸 생각해보게. 우리 혈액을 새롭게 하는 데는 충분한 시간이 필요하네. 농축할 수도 없고, 완전한 에너지를 얻으려면 자주, 오래 바깥에 있어야 해. 이것이 자연의 방식이야.

　　결국 몸을 쓰는 활동과 지적 생활은 서로 어긋나지

♣♣
벤저민 프랭클린(1706~1790)은 미국의 정치가이자 과학자로, 미국의 독립과 건국을 이끈 주역이다. 하지만 그의 삶에서 가장 인상적인 것은 어쩌면 그의 일상일 것이다. 그는 매일 새벽 5시에 일어나 밤 10시면 어김없이 잠자리에 드는 규칙적인 생활을 했다. 절제, 침묵, 질서와 같은 13가지 덕목을 정해놓고 매주 하나씩 실천해 나갔고, 건강관리에도 각별히 신경 썼다. 그는 수영을 즐겼는데, 이는 당시로서는 꽤 독특한 선택이었다. 이처럼 철저하고 실용적인 생활 방식은 그가 과학 발명가, 외교관, 작가 등 다방면에서 뛰어난 업적을 남기는 토대가 되었다.

않네. 오히려 문학에서는 활달하게 움직이는 작가의 필체에 생동감이 넘치고, 과학에서도 적극적인 현장 탐사가 수많은 발견으로 이어진다네. 미술에서는 직접 경험한 역동적 움직임과 멀리서 담아온 자연의 장엄함이 작품에 그대로 스며들지. 철학마저도 건강한 몸에서 나오는 기백과 끈기의 혜택을 누리는 법이라네.

고대의 가장 빛나는 사상가 소크라테스가 지닌 강인한 체력은 그의 탁월한 지적 토대가 되었을 터이네. 이렇게 보면, 우리 인류가 쌓아온 위대한 지적 유산의 상당 부분이 '건강한 육체'를 바탕으로 꽃피었다고 해도 과언이 아니겠네.

정신노동으로 병든 사람에게

몇 해 전, 런던의 한 모임에서 발표된 논문에서 저자는 "건강한 인체에는 정신적 노동이 해가 되지 않는다. 과로로 인한 건강 문제는 대부분 이미 가지고 있던 질환 때문"이라고 주장했네. 이를 한 문장으로 요약하면, "정신적 노동이 질병을 만들어내지는 않지만, 기존의 건강 문제를 악화시킬 수 있다"는 것이지.

이를 검증하기 어려운 이유는 자명하네. 건강이 완벽할 때는 뇌를 쓰든 말든 문제가 되지 않으니 말이야. 그리고 몸이 고장 나기 시작했을 때는 그 증상에 정신노동이 얼마나 영향을 끼쳤는지 정확히 가늠하기 어렵지.

워즈워스의 말을 들어보게. 시를 지을 때 오히려 발의 상처가 더 아팠다고 하지 않았나. 스콧은 어떠한가? 출판사가 파산하면서 빚을 지자 무리하게 집필을 이어갔고, 결국 뇌졸중으로 쓰러졌네.

지적 작업은 강한 자극제와 같아서 적당량이라면 이롭지만, 과하면 신경계에 독이 되지. 그 과함의 경계가 어디인지는 각자가 경험으로 찾아야 해. 어떤 작가는 천 자만 써도 지치지만, 다른 작가는 하루 만 자를 써도 부족하게 느끼니 말일세. 니체를 보게. 하루 열 시간 넘게 연구에 몰두하다가 결국 교수직을 내려놓아야 했어.

하지만 이런 병이 순전히 정신노동 탓일까? 그렇게 단순한 이야기가 아니네. 우리가 겪는 고통은 정신노동 자체가 아닌, 오랫동안 앉아만 있는 생활과 운동 부족, 단조로운 일상과 즐거움의 결핍에서 오는 것이라네.

건강하고 강인한 두뇌를 가진 사람이라도, 하루에 열두 시간이 넘는 지적 노동을 견디려면 충분한 휴식과 운동, 그리고 수면이 필요하네. 운동이 부족하면 어떻게 되는가? 소화력이 떨어지고 뇌로 가는 혈액 공급이 줄어들지. 이는 신경과민으로 이어질 수 있고, 제때 해결하지 않으면 상태가 심각해질 수도 있다네.

다행히 해결책은 단순하네. 워즈워스는 산책하며 시를 지었고, 스콧은 야외 운동을 했지. 정신과 육체는 서로를 비추는 거울과도 같으니, 과도한 정신노동의 부작용은 적절한 운동과 휴식으로 상쇄할 수 있네. 신체 운동은 몸이 감당할 수 있는 범위 내에서 이루어질 때, 신경계를 달래는 최고의 방법이야.

한 가지 분명한 사실을 기억하게. 너무 많은 정신적 에너지를 소모하는 것은 몸에 해롭다는 것, 그리고 모든 지적 활동은 결국 '육체'를 바탕으로 이루어진다는 사실 말일세. 누구든 자기 몸을 무시한 채 '육체를 초월한 영적 존재'인 양 구는 것은 위험하다네.

앞으로도 몸과 뇌의 상태가 지적 생산성에 얼마나

밀접하게 연결되어 있는지를 조금 더 이야기해볼까 하네. 내가 전문 의사는 아니지만 같은 노동자로서 겪은 경험과 주변 지인들의 풍부한 사례에서 배운 교훈을 자네와 나누고 싶기 때문이지.

　　결국 우리는 각자만의 균형점을 찾아야 하네. 부디 자네도 "체력에는 한계가 있다"는 사실을 항상 명심하고, 스스로를 혹사하지 않도록 경계해주길 바라네. 과도한 정신노동의 해악을 막으려면 적절한 운동과 휴식이 필수야. 마치 정원사가 식물의 물 주기를 조절하듯, 우리도 스스로 경험을 통해 찾아야 할 지혜라네.

지적 생활의 기초를 다지고 싶은 사람에게

어제의 한순간이 내게 깊은 깨달음을 주었네. 지인의 저택에서 저녁을 보냈는데, 그 집 아들이 돌아와 있더군. 어머니의 눈빛이 특히 인상적이었네. 아들을 바라보는 시선에서 모성애와 자부심이 넘쳐흘렀지. 평소에는 과묵한 아버지도 내가 지난 몇 년간 본 적 없을 만큼 흥이 나서 재담까지 주고받으시더군.

나는 한구석에 조용히 앉아 그분들의 표정을 살피며, 무엇이 저토록 분명한 행복감을 낳는지 그 기쁨의 원천을 헤아려 보았네. 그것은 분명 젊은 시절의 노력이 결실을 맺고 처음으로 성취를 이루어, 오랫동안 품어온 능력과 열정을 세상에 증명해냈다는 데서 오는 환희였겠지.

그러다 문득 벽에 걸린 한 초상화가 내 시선을 사로잡았네. 100년은 되었을 법한 그림인데, 그 속에서 마치 거울을 보듯 또 다른 어머니와 아들이 우리를 응시하고 있었네. 청년의 모습이 얼마나 당당하던지. 세월이 흘러도 그 기품은 조금도 바래지 않았더군. 눈빛은 여전히 생기 있고, 뺨의 홍조마저 아직 선명했어.

그때 이런 생각이 들더군. 그림 속 젊은이는 영원히 저 모습 그대로겠지만, 우리는 이 순간에도 조금씩 늙어가고 있다고. 불과 5분 전과 지금 사이에도 미세한 변화가 있었겠지. 비록 어떤 관찰자도 알아채지 못하겠지만 말이야. 그러면서 한 가지 생각이 머릿속을 지배하기 시작했네.

　　"지금 이 순간, 저 젊은이는 모든 감각을 온전하게 누리고 있어. 이것들은 마치 오차 없이 편지를 배달하는 우편배달부와도 같지. 시각, 청각, 미각, 후각, 촉각 등이 모두 제 역할을 다하고 있네. 하지만 우편배달부는 늙으면 다른 사람으로 대체할 수 있어도, 인간의 감각 기관은 교체가 불가능하다네. 한 번 노쇠해지면, 그대로 감당하며 살아가야 하지."

　　지적 생활에 있어, 이러한 감각들을 가능한 한 오랫동안 신선하게 지키는 일이 얼마나 중요할까! 예를 들어보세. 스탈 부인은 거의 청각만으로 지적 자양분을 모았다고 해도 과언이 아니네. 그녀는 당대 내로라하는 지성인들과 대화하면서, 그들의 통찰과 정보를 집요하게 이끌어냈지. 글을 쓸 때도 자신만의 체계를 세워, 짧게 초고를 적어 두었다가 주변 인물들의 의견을 듣고, 필요하면 비고란에 새로운 내용을 더해갔다네. 마치 정교한 '그물'을 쳐놓고 주변 학자들의 지혜를 낚아채는 식이었지. 그런데 시각적인 것들은 그녀에게 큰 의미가 없었다네. "해안가의 아름다운 풍경을 굳이 창문 너머로 보려 하지 않는다. 오히려 머나먼 곳에 있는 지성인과 대화를 나누기 위해선 기꺼이 수백 리도 마다하지 않는다"라 말했을 정도였네. 만약 스탈 부인이 청력을 잃었거나 조금이라도 난청이 생겼다면 어땠을까? 평소와 달리 대화가 어려워지거나 흥미를 잃어버렸을 것이고, 그 유명한 작품 세계는 애초에 꽃피우지 못했으리라.

존 러스킨은 눈이 남다른 사람이었네. 그의 문학적 입지가 어떤 면에서 세워졌는지 살피면, 철저히 '보는 능력'을 토대로 하고 있음을 알 수 있지. 독창적인 방식으로 사물을 관찰하고, 다른 사람들이 사물을 보거나 놓치는 지점을 날카롭게 지적하는 글이 바로 그의 정수였네. 만약 그가 평범하거나 그보다 못한 시력을 가지고 있었다면, 아마 사소한 디테일을 놓치고, 본인의 열정도 키워내지 못했을 테니, 세상이 칭송하는 러스킨의 재능도 반감되었을 것이네.♣

프레스콧의 사례도 잘 알려져 있지. 그는 시력을 거의 잃고서도 대필을 시키는 등 온갖 노력을 거쳐 명저 『페르난도와 이사벨라의 치세』를 완성했네. 하지만 그 과정에는 엄청난 시간이 필요했다네. 눈이 멀쩡한

♣ 마담 드 스탈(1766~1817)은 프랑스의 작가이자 사상가로, 당대 지식인과 활발하게 교류했다. 존 러스킨(1819~1900)은 영국의 미술 비평가이자 사회 사상가로, 시각적 관찰에 기반한 예술론을 전개했다. 오늘날로 치면 팟캐스트 진행자와 유튜브 아티스트를 떠올릴 수 있다.
또 다른 예로 우리가 알 만한 사람을 떠올려보면 반고흐와 모네가 있다. 반고흐는 남들이 그냥 지나치는 일상의 풍경에서도 독특한 빛과 색채를 발견했다. 모네는 같은 건초 더미를 다른 시간, 다른 날씨에 반복해서 그리며 미세한 빛의 변화를 포착해냈다.

학자라면 3년이면 해냈을 일을, 프레스콧은 무려 10년을 바쳐 끝낼 수 있었지. '장님 곤충학자'나 '시각장애인 여행가' 이야기가 간혹 전해지긴 하지만, 그런 일은 대개 강인한 의지로 어려움을 이겨낸 극히 드문 사례일 뿐이네.

이 다섯 감각 중 시각과 청각이 지적 활동에 가장 큰 영향을 미치지만, 그렇다고 미각이나 후각을 가벼이 볼 순 없네. 완벽한 문학이나 예술은 대개 모든 감각을 오롯이 지닌 창작자들의 손에서 나온다고 나는 믿네. 예로부터 진정한 예술가나 시인들은 은근히 미각·후각·촉각에도 민감했지 않던가. 맛있는 과일과 포도주를 즐기는 기쁨, 숲의 은은한 향기를 맡을 때 느끼는 황홀경, 이 모든 것들이 마음속 깊은 곳에 스며들어 직관과 영감을 불러일으키는 신비가 존재한다네.

하지만 이것이 무분별한 향락을 옹호하는 것은 결코 아니네. 오히려 이 편지를 쓰는 이유는 자네가 지닌 감각을 최대한 오랫동안 건강하게 보존하라고 권하기 위함일세. 지적으로도 큰 이점을 얻으려면, 과도한 혹사는 금물이네. 예컨대, 평생 눈을 건강하게 유지하려면 눈을 혹사하지 말아야 하지. 다른 감각도 마찬가지일세.

나는 자네가 잘 차린 식탁의 빵 한 조각이라도 본연의 고소함을 충분히 음미할 수 있길 바라네. 드넓은 숲의 솔향기가 아련히 풍겨올 때 그 향을 제대로 감지하고, 바닷가 파도가 와락 들이칠 때 그 짜릿한 감촉을 만끽하길 바라네. 눈이 조금이라도 흐려지면 저 먼 구름에 스며든

미묘한 색의 변화를 놓칠 수 있고, 청력이 뛰어나야 비로소 미세한 음색까지 판단할 수 있지 않겠나. 이를 위해서는 스스로를 절제하는 힘이 반드시 필요하네. 방탕한 생활과 무모한 과로는 필연적으로 감각을 갉아먹고, 결국 지적 창작의 힘마저 훼손할 테니까.

젊은이는 오래 사는 것에 대해 그다지 관심이 없더군. 하지만 지적 생활을 영위하는 이들에게 '수명이 길어진다'는 것은 이루 말할 수 없이 소중한 기회라네. 그저 사교계나 유흥에만 전념하던 이들이 늙어서 누릴 수 있는 것은 고독일지 모르지만, 훔볼트♣♣ 같은 학자에게 노년이란 오히려 더 깊은 통찰을 쌓을 시간이 되지 않겠나.

나는 시간을 금으로 된 쐐기에 비유하고 싶어. 처음에는 가느다랗지만, 점점 더 깊어지고 가치를 더해가지. 죽음이라는 무례한 방문객이 찾아와 툭 끊어버리기 전까지는 말일세. 그래서 일찍 생을 마감하는 이들을 볼 때면, 아직 매우 얇은 금판 같은 인생을 두고 떠난 듯해 마음이 아프네. 반면 훌륭한 사상가나 예술가들이 오래 살며 지식을 쌓고, 사고를 확장하는 것만큼 경이로운 축복도 없다네.

♣♣
알렉산더 폰 훔볼트(1769~1859)는 독일의 지리학자이자 자연학자, 탐험가로서 현대 지리학과 생태학의 기초를 마련했다. 중남미와 시베리아를 탐험하며 수많은 동식물종을 발견하고 기록했으며, 생물지리학의 선구자로서 기후가 생물 다양성에 미치는 영향을 깊이 연구했다. 그의 대작 『코스모스』는 우주를 통합적으로 이해하려 한 시도였으며, 이러한 그의 연구는 후대의 탐험가와 과학자들에게 커다란 영감을 주었다.

질병과 죽음을 고민하는 사람에게

알렉산드르 빅시오가 죽음의 문턱에 다다랐을 때의 일이야. 그의 친구 라브루스가 문안하러 들어오면서 "오늘따라 기운이 훨씬 좋아 보이는군!" 하고 말을 건넸지. 빅시오는 자신의 상태를 너무 잘 알고 있었기에, 이렇게 답했다고 해.

"라브루스. 지금 자네가 보러 온 사람은 겨우 15분밖에 살지 못할 몸일세. 그런데도 내 몰골이 멀쩡해 보인다고 날 속이려 하다니. 차라리 자잘한 거짓말보다는 따뜻한 악수를 건네주게나."

나도 자네에게 그런 선의의 거짓 위로를 하진 않겠네. 우리 둘 다 자네의 병이 더 나빠지지 않도록 다스릴 순 있을지 몰라도, 완전히 나을 수 없다는 것을 알고 있으니 말이야. 의학의 온갖 지혜와 노력으로 얼마간 시간을 벌 수 있다 해도, 결국 죽음이 찾아온다는 사실은 분명하네. 다만 이 슬픈 확신을 정면으로 마주하고도, 자네는 기꺼이 용기를 내어 지난 수년간의 고통에서 가장 심오한 지혜를 이끌어냈지. 어느 현자가 "고통 속에서만 배울 수 있는 가장 깊은 지혜가 있다"고 말했던 바로 그 통찰을 말일세.

자네의 정신과 도덕적 본성은 놀라울 만큼 탄력이 있어서, 몸이 불편함과 통증에 시달리지 않는 순간이면 언제 그랬냐는 듯 병약함에서 벗어나곤 했네. 다른 이들의 '건강한 일상'에 기꺼이 몸과 마음을 어울려 살았고, 가혹하면서도 한편으로는 이 우주를 살아 움직이게 하는 자연 법칙을 담담히 받아들였지. 그 자연 법칙이 자네에게 노쇠와 죽음을 가져온다는 점도 태연히 인정하면서 말일세.

자네는 병이 집요하게 몸을 옥죄어도 글쓰기를 멈추지 않았네. 그 결과물에서 과연 무엇이 바뀌었나? 오직 문체와 사상의 기품이 더 깊어지고 차분해졌을 뿐이지. 환자 특유의 억울함이나 예민함 같은 건 전혀 드러나지 않더군. 그 어느 글에도 병고를 호소하거나 세상에 불만을 늘어놓는 흔적이 없으니, 이것이야말로 대단한 정신의 증거일세.

자네의 마음은 열감기처럼 피어오르는 짜증과 억울함의 안개에 휩싸이지 않고, 오히려 더욱 넓고 맑아졌네. 이 육체적 고통이 오히려 외부의 온갖 아픔을 더욱 깊이 공감하도록 자네를 이끌었으니 말일세. 때로 고통은 남의 고통에 대한 연민을 일깨우고, 이전에는 부족했던 인내와 온유함을 길러주는 법이지. 그리고 자네는 바로 그 진리를 스스로 체득해 나갔네.

자네의 모습을 보고 있노라면, 마치 거대한 나이아

가라 폭포를 향해 나아가는 배에 몸을 실은 듯하네. 이미 배는 거센 물길에 휩쓸려 어쩔 수 없이 죽음의 골짜기로 흘러가고 있지만, 자네는 명석하고 담대한 태도로 그 종착점이 얼마 남지 않았음을 직감하고 있지 않은가. 그렇지만 그 짧은 여정 속에서도 자네는 여유를 잃지 않고 사색에 잠기며, 배가 조용히 물길을 따라 나아가는 동안에도 끝까지 배우고 생각하려는 결의를 다지고 있어. 높은 지적 생활의 아름다움이란 바로 그런 것이겠지.

육신이 점차 쇠약해진다 해도, 완전히 지쳐버리거나 극심한 고통 속에 있는 순간이 아니라면, 우리는 잠시라도 사심 없는 성찰의 세계로 나아갈 수 있지 않겠는가. 지금처럼 병약한 몸 안에서도 인류에게 새로운 생각을 전하거나, 의미 있는 글귀 한 줄을 남길 수 있다는 사실은 자네에게 깊은 만족을 안겨줄 것이네. 설령 자네가 남긴 저술이 금세 잊혀지거나 발언이 더는 인용되지 않는다 하더라도 말이야.

오늘날 유럽의 지적 찬란함은 이름난 거장들만의 공로가 아닐세. '잊힌 사색가들'이 그 빛을 모으고 지키며 확산해왔기에 가능했네. 만약 누군가가 오로지 자기 만족만을 위해 글을 쓴다면, 삶이 짧고 미래가 불확실함을 깨달은 순간 모든 작업을 멈출지도 몰라. 하지만 자신의 삶이 인류 정신을 이어가는 하나의 고리라는 것을 깊이 깨달은 이는, 마지막 순간까지도 펜을 놓지 않고 다가올 세계를 향해 희망 어린 시선을 던지게 마련이네.

이는 마치 프랑스 동물학자 에티엔 조프루아 생틸
레르가 시력을 잃은 마지막 순간까지도 동물학의 미래
를 가슴속으로 그려보았던 것과 다르지 않지. 자네 또한
그런 길을 걸어갈 것이라 믿어 의심치 않네.

"몸이 멈추면 머리도 멈춘다."

매일 아침 알람이 울린다. 늘 그렇듯 스누즈 버튼을 찾아 누르고, 마지막 알람에 겨우 몸을 일으킨다. 회사 책상 앞에 앉아 일과를 시작하고, 졸린 눈을 비비며 일어나 책상 앞에 앉는다. 퇴근 후에는 또 다른 책상으로 자리를 옮겨 공부하고, 주말에는 카페에 앉아 작업한다. 우리는 늘 의자에 몸을 붙인 채 머리로만 일한다. 피로는 카페인으로 덮어가며, 멈출 수 없는 정신노동의 고리에 매번 갇힌다.

200년 전, 철학자 칸트는 달랐다. 그는 매일 같은 시간에 일어나 산책했고, 식사 시간을 철저히 지켰으며, 잠들기 전 15분은 깊은 생각을 멈추었다. 당대의 관습을 거스르는 이 습관들은 단순한 고집이 아닌, 자신의 신체와 정신에 대한 깊은 관찰의 결과였다. 운동을 미루는 우리와 달리, 워즈워스는 걸으며 시를 썼고 괴테는 달빛 아래서 수영했다. 허약했던 훔볼트는 운동으로 몸을 다져 탐험을 준비했다. 그들은 알고 있었다. 머리를 쓰려면 먼저 몸을 써야 한다는 걸.

경고가 되는 니체의 일화도 있다. 하루 10시간 넘게 연구하다 결국 교수직을 내려놓았다. 스콧은 무리한 집필로 쓰러졌다. 이들은 쓰러진 후에야 건강의 소중함을 깨달았지만, 그땐 이미 늦었다. 우리 몸

제2부. 신체적 기초 없이 머리 쓸 생각은 하지 마라!

은 분명히 일탈의 신호를 보냈을 것이다. 혈류가 둔화하고, 소화가 안 되며, 목과 허리가 뻐근해진다. 하지만 이 신호를 무시하는 사람이 많다. 마치 자동차의 경고등을 테이프로 가리듯이.

어쩌면 우리에게 필요한 건 '정상'이라 불리는 생활 방식을 맹목적으로 따르는 게 아닐지도 모른다. 칸트처럼 자기 몸과 마음이 가장 잘 작동하는 방식을 찾아 실천하는 용기, 그리고 그 속에서 지적 생활을 위한 단단한 기초를 다지는 것이 훨씬 중요할 수 있다.

당신의 하루는 어떤가? 몸이 보내는 신호를 얼마나 무시하고 있나? 지금 이 순간에도 당신의 몸은 뭔가를 말하고 있다. 그 목소리에 귀 기울여본 적 있는가?

제3부 ——————————— 지적 생활을 위한
감정 관리

모든 것을 빨리 해내야 한다는 생각에 사로잡힌 사람에게

며칠 전 영국 유전학자 프랜시스 골턴의 『여행의 기술』을 읽다가 우리 모두에게 와 닿을 만한 구절을 발견했네. 이는 골턴이 초보 탐험가에게 전한 말인데, 사실 지적 작업에도 똑같이 적용되는 조언이라네.

"과정 그 자체를 즐기고, 빨리 도착하려는 조바심에서 벗어나야 한다."

진정한 지적 태도는 학문의 길이 끝없이 이어진다는 사실을 받아들이는 데서 출발하네. 지금 보이는 지평선 뒤에도 새로운 지평선이 있고, 우리는 그 무한한 길에서 꾸준히 앞으로 나아갈 뿐이네. 결승점을 향해 무작정 뛰기만 해서는 곤란하지.

운하를 떠다니는 배에서 살아가는 뱃사람의 아내를 떠올려보게. 그녀는 끊임없이 움직이는 배 위에서 생활하지만, 결코 서두르지 않으며 작은 선실에서 차를 끓이고 토스트를 굽는 평온한 모습을 보이지. 마치 '도착지가 끝이 아님'을 아는 듯한 태도로 말이야. 이번에는 프랑스의 성마른 남자를 떠올려보게. 마차 한구석에 앉아 30분마다 시계를 들여다보며, 빨리 안락한 집에 도착하기만을 바라는 모습은, 매 순간 '어서 끝내고 싶다'는 조급함에 시달리는 사람의 초상과도 같네.

지적 생활이란 뱃사람의 아내와 닮아있어야 해. 지금 하고 있는 작업을 단지 '임시로 해치워야 할 일'로 여기는 이들은, 글을 쓸 때마다 고통스럽게 '어서 끝내고 싶다'는 생각에 시달리네. 그러다 보면 즐거움은 사라지고, 압박감과 초조함만 남게 되지. 왜 인간은 그토록 성급해지는 것일까? 주된 이유는 두 가지라네.

첫째, 아직 자신의 역량을 제대로 가늠하지 못해서라네. '내가 부족한 건 아닐까? 작업 결과가 엉망이면 어쩌지?'라는 불안과, '그래도 혹시 잘될지도 모르지'라는 과한 기대가 뒤섞이며 마음이 흔들리는 것이지. 결국 사람은 빨리 결과를 확인하고 안심하고 싶어 하네.

둘째, 안정된 작업 습관이 없기 때문이야. 갓 시작한 이들은 예술가나 학자로서의 마음가짐이 자리 잡히지 않아, 책 한 권을 쓰는 것만으로도 흥분과 스트레스를 억누를 수가 없게 되지.

하지만 경험 많고 노련한 작가나 예술가들은 대개 차분한 태도를 지니고 있어. 그들은 자신의 한계를 알고 어떤 결과물이 나올지 대강 예측할 수 있기에, 일일이 조바심 내지 않네. 예를 들어 대가는 그림을 그릴 때 캔버스 두세 장을 준비해놓고, 물감이 마르는 동안 다른 캔버스에서 작업을 이어가며 차분히 진행하지. 이는 서둘러 마무리하다 실수하지 않으려는 신중함의 발로라네. 초기 밑바탕이 어설퍼 보일지라도, 그것이 완성도를 높이려는 중요한 단계임을 알기에 초연하지. 이처럼 지금 당장 해야 할 일을 알고, 끝까지 침착함을 유지하는 것이 진정한 프로 정신이라 할 수 있네.

영감과 창의력이 중요한 문학 분야도 크게 다르지 않아. 프랑스 화가 장 오귀스트 도미니크 앵그르처럼, 한 번의 스케치로 완결하지 않고 밑그림 위에 덧그리며 완성도를 높여가는 방법이 있지. 이는 발자크♣의 글쓰기 방식과도 닮았네. 반면 스콧이나 오라스 베르네, 존 필립 같은 작가들은 단번에 작품을 완성하는 스타일이었어. 하지만 이들 역시 순간순간 치밀하고 신중하게 작업했다는 공통점이 있네.

♣
오노레 드 발자크(1799~ 1850)는 『인간 희극』이라는 방대한 소설 시리즈를 통해 프랑스 사회를 다채롭게 묘사했다. 그는 동일 인물이 여러 작품에 반복 등장하는 글쓰기 기법을 처음 도입했고, 철저한 수정 작업을 거쳤다. 그리고 주로 새벽 시간에 집중적으로 글을 썼다.

결국 자네가 앞으로 맞닥뜨릴 가장 큰 적은 '빨리 끝내고 싶다'는 심리적 압박일 걸세. 이를 극복하려면 골턴이 말한 '서서히 나아가되 꾸준히 쌓아가는' 자세, 혹은 운하 배 위에서 찻잔을 든 뱃사람 아내의 여유로운 마음가짐을 본받아야 하네. 지적 생활을 오래 지속하려면 모든 시간이 '과정'임을 받아들이고, 하루하루를 차분히 즐기며 나아가는 길밖에 없다는 걸 나는 굳게 믿네.

번아웃 직전의 워커홀릭에게

그대가 신문 읽기를 완전히 그만두었다는 소식을 들었네. 이는 실로 주목할 만한 결단이 아닐 수 없네. 자네의 '신문 끊기'는 세상 처음 있는 실험은 아니지만, 자네에게는 확실히 새로운 변신이지. 자네 같은 지성인이 '이 시대 공적 관심사'와 완전히 단절됨으로써 얻게 될 효과를 지켜보려 하네.

　　손실이야 있겠지만, 이에 상응하는 이득 또한 분명히 있을 것이네. 연간 약 500시간을 절약하게 되었으니, 이 귀중한 시간을 이제 더욱 현명한 용도에 쓸 수 있겠지. 한 지식인이 단 하나의 결단으로 이토록 귀중한 시간을 얻게 되다니, 실로 축하받을 만한 일이네. 이는 마치 재무장관이 국고의 누수를 막아낸 것과 맞먹는 성과지.

　　이제 그대에게 주어진 500시간으로 무엇을 할 수 있을까? 새로운 학문을 익히거나, 예전에 배웠던 외국어 실력을 한층 키울 수 있겠지. 그동안 미진했던 지적 작업은 이제 잘 가꾸어진 정원처럼 질서정연해질 테고, 시간이 부족해 읽지 못했던 위대한 저술가의 작품도 깊이 탐구할 수 있을 걸세. 또한 오래 방치되었던 기억의 방을 열어 거미줄을 걷어내고, 새로운 빛을 들일 수도 있을 것이네.

자네가 얻을 이득에 비해 어떤 손해가 따를지도 생각해보아야 하네. 자네도 나도 알다시피, 우리가 신문에서 매일 읽는 것들 중 상당수는 교양 면에서 도움이 안 된다는 건 사실이네. 신문 기사 중 많은 지면이 '곧 일어날지도 모를 사건'을 추측하는 데 소모되고, 실제로 어떻게 귀결될지 기다리다 보면, 그 추측 보도에 매달린 시간이 곧잘 허사가 되지 않나. 기사들 중 상당수는 단순히 새로움을 좇기 위한 잡다한 소문들로 가득하며, 이런 사건들은 대부분 6개월이 지나면 사람들의 기억에서 사라지고 만다네. 더구나 당파적 이해관계로 인해 진실이 왜곡되는 사례가 빈번하고, 이러한 편향된 보도는 국경을 넘어 여러 언어권의 언론에 널리 퍼져있어. 예컨대, 프랑스 기자들이 영국 문제를 엉터리로 다루거나, 영국 기자들이 프랑스 문제를 의도적으로 찌그러뜨려 보도하는 식이지. 자네가 신문을 멀리함으로써 이러한 정신적 피로에서 해방되니 분명 큰 이득이라 할 수 있겠네.

하지만 동시에, 신문 읽기를 완전히 중단하는 것은 또 다른 위험을 초래할 수 있지. 프랑스 작가 클로드 틸리에가 "가장 잘 쓰인 시간은 잃어버린 시간"이라 말하지 않았던가. 우리가 흔히 낭비로 치부하는 시간 속에서 지성의 중요한 순간들이 피어나곤 한다네. 사교 모임의 대화나 사냥터의 외침, 요트 위의 한가로운 시간, 심지어

마차 안에서 나누는 이야기들이 그 예라네.

　지성이 깊은 사람에게 나태를 권하는 것은 어리석은 일이겠지만, 우리는 때로 지나친 근면이 자신을 옭아매는 굴레가 되지 않도록 경계해야 해.

　한 저명한 문필가가 신진 작가에게 이렇게 말했네. "그대는 열심히 공부하였으되, 아직 굴레를 써본 적이 없는 듯하네." 여기서 '굴레'란 군사 훈련과도 같은 엄격한 규율을 뜻한다네. 훈련의 이로움은 널리 알려져 있으나, 지적인 플라뇌리♣의 가치는 여전히 충분히 인정받지 못하고 있지. 굴레는 일정 부분 유익할 수 있지만, 지성이 가장 빛나는 순간들은 자유로운 영혼이 자연을 거닐며 얻는 사색과 발견에서 피어나기 마련이네.

♣ flânerie, 프랑스어로 거리를 자유롭게 거닐며 산책하며 것을 의미한다.

　결국 우리가 추구해야 할 자유는, 황혼 무렵 꿀을 가득 싣고 집으로 돌아오는 야생벌의 자유와 같아야 하지 않겠나. 규율에 얽매이지 않으면서도 생산적이고 합리적인 삶을 살아가는 것, 그것이야말로 진정한 지적 생활이라 할 수 있겠지. 그러니 자네의 결단으로 얻은 시간을 허투루 쓰지 말고, 그 안에서 자유와 성장의 균형을 찾아나가길 바라네.

눈에 띄는 성과 없이 살아가는 지식인에게

지난주 그대의 저택에서 B를 만났을 때, 그의 놀라운 학식에 관해 이야기를 나누었네. 지인들은 그토록 뛰어난 그의 능력이 가시적인 결실로 이어지지 않았다며 한탄했지. 그의 대화는 내게 프랑스 작가 조제프 주베르♣를 떠올리게 했다네. 주베르는 친구들이 저술을 재촉할 때마다 "아직 때가 아니오. 평화가 더

♣
조제프 주베르(1754~1824)는 프랑스의 수필가이자 철학자로, 생전에 저서를 출판하지 않았으나 사후에 출판된 『주베르의 잠언』을 통해 그의 깊은 사상과 통찰이 알려졌다.

오래, 깊이 와야 하는데"라고 말하며 버텼다네. 막상 여유가 생겼을 때는 이렇게 말했지. "하늘이 내게 허락한 정신의 힘은 이미 다 소진됐소."

타인이 우리를 두고 '너무 이르다' 혹은 '이미 늦었다'라고 평하곤 하지만, 진정 두려운 것은 우리가 스스로 그런 판단을 내리는 순간이네. '아직 준비가 안 됐다'며 주저하다가, 나중에는 '이미 기회가 지났다'며 시도조차 하지 않는 경우가 그렇지.

남다른 재능이 있는데도 아무 성과를 내지 못하는 예민한 사람들에 주목해보세. 주변에서는 이들의 잠재

력을 마치 신앙처럼 믿지만, 정작 본인들은 이를 현실로 옮기지 못하지. 여기서 내가 궁금한 점은, 이들이 정말 창작 능력을 지니고 있으면서 단지 그것을 드러내지 않는 것인지 여부네.

주베르의 경우를 살펴보세. 그가 남긴 짧은 어록들은 그의 한계를 보여주는 동시에, 그의 섬세한 천재성을 드러내고 있네. 하지만 거기에는 지속적으로 작품을 이어갈 힘이 부족했다는 점도 함께 나타나지. 그는 스스로 "글쓰기가 기진맥진할 만큼 힘들다"고 고백하면서도, 단지 작문 실력이 부족할 뿐 자신의 사고력은 뛰어나다고 여겼다네.

이는 과장이 아니야. 주베르는 독특한 개성과 품격으로 문학계에서 빛을 발했지만, 생산적인 작가는 되지 못했네. 이는 그가 지나치게 까다로운 취향을 가져서가 아니라, 근본적으로 무언가를 지속적으로 창작할 수 있는 체질이 아니었기 때문이지.

프랑스 문학가 샤를 외귀스탱 생트뵈브가 전한 한 철학자의 분류에 따르면, 인간의 지성과 섬세함은 세 가지 유형으로 나뉜다네. 첫째는 강인함과 섬세함을 겸비한 부류로, 상상한 바를 실행에 옮기며 진정한 아름다움에 도달하는 엘리트지. 둘째는 유달리 섬세한 부류라네. 이들은 자기 머릿속 구상이 실제 결과물보다 훨씬 더 뛰어나리란 걸 알고 있어서 쉽사리 만족하지 못하네. 남들의 칭찬도 대수롭지 않게 여기고, 차라리 비평가의 길을 택하거나 작품을 묵혀두지. 때로는 깨진 도자기 조각처럼 드문드문 글을 남길 뿐, 풍성한 창작물을 내놓지 않아. 그들은 내면으로는 풍부한 소화력을 지녔지만, 그것을 밖으로 드러내는 데는 인색한 편이라네. 셋째는 강인하지만 섬세함이 부족한 부류라네. 이들은 끊임없이 창작하고 출판하며 자신의 작업에 대해 큰 불만을 품지 않아. 오늘날 미술 전시관이나 일상 출판물을 채우는 작가와 화가 상당수가 여기 속하네. 우리 사회는 이들 덕분에 매일 예술·문학의 양식을 공급받는 셈이기도 하다네.

생트뵈브는 주베르를 두 번째 부류로 보았는데, 우리는 이런 유형의 사람들이 '언젠가 대단한 것을 만들어낼 것'이란 기대를 지나치게 품는 것 같네. 솔직히 말해서, 주베르 같은 이는 그 자체로는 귀한 존재이지만 실제로는 창작의 불모성을 지닐 수 있다는 거지.

"왜 그걸 아쉬워하나?" 하는 의문이 들 수 있네. 흔히들 "저토록 교양 있는 사람이 남긴 작품이 하나도 없다니 안타깝다"고 하지만, 꼭 모든 교양인이 저술을 해야 하는 것은 아니야.

오히려 작가들은 대중의 취향과 시장의 요구에 맞추느라 진정한 학문적 관심사에서 멀어지기도 하지. '잘 팔리는 책을 써야 한다'는 부담으로 본의 아니게 원치 않는 주제를 다루게 되는 일도 많지 않은가. 반면 '침묵하는 독서가'들은 오직 자신의 관심사만 좇아 자유롭게 공부할 수 있네. 더구나 글쓰기에 들일 시간을 온전히 독서에 쓸 수 있으니, 더욱 깊이 있는 공부가 가능하지.

내가 아는 가장 학구적인 프랑스인은 "펜 잡기가 지긋지긋하다"며 편지조차 꺼렸지만, 직업 없이 순수하게 자신의 교양을 위해 독서와 연구에만 전념했다네. 많은 이들이 "눈에 보이는 업적도 없이 사는 게 무슨 의미가 있느냐"고 하지만, 이는 의무와 유용성을 너무 좁게 보는 거라네. '생산 없는 교양인'도 특히 지방 소도시에서는 고급 문화의 살아있는 본보기가 되지 않나. 당장은 알아주는 이가 적더라도, 그들의 조용한 지적 삶은 깊은 전통과 영향력으로 남을 수 있네.

공부는 좋아하되 저술은 부담스러워하는 이라면, 공부 자체로도 충분한 가치가 있다고 보는 게 어떻겠나? 주베르가 내키지 않는 글쓰기를 자제한 건 오히려 현명한 선택이었을 수 있네. 그가 남긴 소수의 간결한 글들이 오히려 널리 회자되고 큰 영향을 미쳤으니, 이는 어설픈 대작을 남기고 잊혀진 이들보다 더욱 값진 유산이 아니겠나.

일에 권태를 느끼는 사람에게

자네가 지닌, 이제 막 움트기 시작한 지적 열정의 싱그러움을 끝까지 유지할 수 있다면 얼마나 좋을까 하는 생각이 드네. "언젠가는 시들 수밖에 없지 않을까?" 하는 우려도 있지만, "왜 꼭 그래야 하나? 잘만 다스린다면, 그 신선함을 잃지 않고 오래도록 지닐 수 있지 않을까?"라고 묻고 싶네.

보통 우리는 젊은 시절에 지식을 향한 갈망과 열정을 뜨겁게 불태우다가도, 어느 순간 "이 모든 것이 무슨 의미가 있나" 하는 회의감에 빠져버리곤 하지. 학문에 대한 열망이 식어가고, 배움의 기쁨도 퇴색하며, 창작을 해도 성취감 없이 허무함만 남는 상태, 이것이 지식인들이 흔히 겪는 위기라네. 그런데 허황된 교훈서들은 '지적 삶은 언제나 장엄하고 즐겁다'고 떠들어대네. 현실은 전혀 그렇지 않을 수 있는데 말이야. 뛰어난 재능과 폭넓은 교양을 지닌 이도, 지식이 넘치고 연구 분야가 많은 이도, 어느 순간 이유 모를 '무기력함'에 빠질 수 있다는 게 진실이지.

독일 화가 알브레히트 뒤러는 걸작 「멜랑콜리아」라

는 판화 속에서 힘센 여성 형상을 그렸듯이, 배움도 많고 행동력도 지닌 존재라 해도 '새로운 것을 계속 추구하는' 과정에서 깊은 우울감을 맛볼 수 있네. 흔히들 "열심히 일해봐, 그러면 기운이 날 거야"라고 하지만, 실제로는 자신이 가장 사랑하고 잘하는 분야를 무리하게 파고들다가도 이 '멜랑콜리'를 피하지 못하는 경우가 많아.

이 우울과 무기력을 완전히 피할 수 있느냐고 묻는다면, 솔직히 "완벽하게 피할 수는 없다"고 답해야 할 것 같네. 지적으로 뛰어난 사람치고 인생에서 단 한 번도 회의에 빠지지 않은 이는 거의 없었거든. 시인 솔로몬이든, 바이런, 셸리, 워즈워스든 저마다 다른 이유로 슬럼프를 겪었지. 하지만 그렇다고 비관할 필요는 없네. 훔볼트나 퀴비에, 괴테처럼 일생 지적으로 충만하고도 비교적 밝은 면모를 유지한 사례도 있으니까. 특히 괴테는 생애 동안 문학, 과학, 예술을 자유롭게 오가며 끊임없이 탐구하는 삶을 살았고, 그 지적 열정이 마르지 않았던 대표적인 인물이라 하겠네.

물론 "아무 문제 없이 언제나 쾌활할 수 있다"고 단정할 수는 없네. 괴테도 젊은 시절에는 『젊은 베르테르의 슬픔』 같은 작품을 써서 큰 영향력을 미쳤는데, 본인조차 그 뒤로는 "그 책을 쓴 걸 후회한다"고 말했어. 지적 열정이 때로는 병적인 우울로 변질될 위험이 있음을 보여주었지. 또한 시인 알프레드 테니슨이 「모드(Maud)」에서 묘사한 주인공은 세상과 담을 쌓고 도서관에 파묻

히지. 그런 행동은 진정한 '학문에 대한 사랑'이 아니라 불만과 절망에서 나온 것이라, 한낱 질병에 가까운 상태였다네.

자네에게 필요한 건, 이 낙담과 권태가 찾아오기 전에 예방하는 방법이라네. 나는 다음을 권하고 싶네.

첫째, 신체 건강을 챙기게. 몸이 피로하고 기능이 떨어지면, 마음도 우울에 빠지기 쉽네.

둘째, 규칙적으로, 그러나 과도하지 않게 '어려운 공부'를 하게. 매일 일정 시간(이를테면 2시간 정도)은 고된 학습—가령 사전을 펴놓고 어려운 외국어 문장을 해독한다든가—으로 '지적 근육'을 단련하는 게 좋네. 단, 그 시간을 넘겨 무리하면 오히려 뇌가 지쳐 지속 가능한 열정을 좀먹게 된다네.

셋째, 강도 높은 학습 뒤에는 일상적인 소소한 관심사나 사람들과 어울리는 시간을 가지게. 너무 몰입해 뇌가 쉴 새 없이 문제만 물고 늘어지면, 자기도 모르게 '뇌 과부하'에 빠지네. 가령 애완동물, 정원 가꾸기, 가벼운 신체 운동 등으로 뇌를 전환시키는 게 좋지.

넷째, 머릿속에서 일어나는 '자기도 모르는 사고'에 휘말리지 말게. 매일의 규칙적인 집중 시간이 끝나면, 의식적으로라도 그 주제에서 벗어나는 습관을 들여야 하네. 그래야 말 그대로 자연스러운 '밑작업'이 계속되고, 자신이 통제 가능한 환경에서 스트레스 없이 다음 학습으로 이어갈 수 있네.

본디 지적 생활을 위해 태어난 성격이라면, 이를 철저히 무시하면 기쁨을 누릴 수 없고, 너무 몰아붙이면 탈진하게 된다는 점을 기억하게. 훔볼트나 괴테처럼 '열정적으로, 그러나 지치지 않을 범위 안에서' 꾸준히 탐구하는 이들이 우리에게는 모범이 되지 않나 싶네. 적절한 휴식을 취하는 습관과 하루 중 일정 시간만 집중력을 최대로 끌어올리는 규칙, 이 두 가지가 조화를 이루면 지적 열정이 시들지 않고 꾸준히 지속되는 삶을 살 수 있을 걸세.

알브레히트 뒤러, 「멜랑콜리아」, 1514년

소란한 세상 속, 홀로 공부하는 사람에게

지적 자극과 영향력을 더 넓은 곳에서 발휘하고 싶다는 자네의 고민을 들으며, 내가 떠올린 생각들을 솔직히 전하고자 하네. 요즘은 문화와 교양 수준이 전반적으로 높아져, 상당히 많은 이들이 예전 같았으면 누리지 못했을 고등 교육과 지적 수련을 접하고 있어. 그 결과 지적으로나 예술적으로나 뛰어난 재능을 보이는 이들이 부지기수로 나타나고 있지. 하지만 그 모두가 문학이나 예술, 정치나 학계의 전면 무대에 서는 것은 현실적으로 불가능하며, 결국 다수는 대중의 시선에서 벗어난 자리에서 생활하게 되네.

이런 상황에서 "나는 분명 어느 정도 능력을 갖추었건만, 왜 좀처럼 세상의 주목을 받지 못하지?"라며 자신의 성공 여부를 회의하는 사람이 생길 수밖에 없지. 나 역시 인지도를 얻지 못해 고통을 느끼는 이들을 자주 보아왔네. 하지만 그 가운데, 지적 에너지를 발휘하는 또 다른 길이 얼마든지 있다는 걸 깨달은 이들도 있었어.

한때 매슈 아널드가 내게 들려준 통찰이 있네. "현대 사회는 매우 복잡하고, 사람들의 관심을 사로잡으려면 흔치 않은 재능이나 극단적인 열정이 필요하다. 결국 우리가 쏟아부은 지적 노력은 대중에게 크게 알려지지 못할 수 있다. 그러나 그 노력이 결코 무의미한 것은 아니다. 한 사람의 지성은 곧 그 나라 전체 지성의 일부이기 때문이다."

자네가 만약 실제로 책을 쓰지 못하거나 대중 강연으로 이름을 떨치지 못하더라도, 자네가 쌓은 지식은 영국의 총체적 지적 수준을 조금이라도 끌어올리는 데 분명 기여하는 것이네. 이는 공식적인 표창이나 실적과는 별개로, '국가의 지성체' 중 자네가 담당하는 몫을 강화하는 일이라네.

이건 더 작은 집단에도 적용할 수 있어. 가령 자네가 속한 지역 사회를 떠올려보게. "내가 이 마을에서 조금이라도 생각하는 삶, 공부하는 삶을 보여준다면, 이 마을의 지적 환경이 완전히 정체되지 않도록 한 줄기 숨통을 틔어줄 수 있지 않을까?" 하는 사명감을 품는 거지. 혹은 더 작게, 자네의 가족을 보면서 "내가 열심히 탐구하고 공부함으로써, 내 가족들이 자연스레 높은 사고와 문화 감각을 접하도록 돕겠다"는 결심을 할 수도 있겠네.

하지만 막상 실천 단계에서는 장애가 생기지. 가령 가정에서 아내, 자녀, 이웃 친척 등 주변 인물들이 꼭 '지적 고양'을 바라는 건 아니라는 현실적 한계 말일세. 실제로 사람들은 저마다 자기 생활 리듬과 관심사를 지키려 하므로, 집안의 지적 다양성을 혼자서 끌어올리기가 어려울 수 있네.

　그럼에도 포기할 필요는 없다네. 직접적인 설교나 강의를 하기보다는, 아주 사소하게라도 자주 이야기를 건네면서, 그들이 이해할 수 있는 수준에서 흥미를 느낄 만한 지점을 잡아 이끌어갈 방법이 있지. 아무리 교육 수준이 낮은 이라도, 좋은 신문이나 잡지를 꾸준히 접하면 서서히 지적 자극을 받는다네.

　사실 신문 한 장을 읽기도 쉽지 않은 환경의 사람에게는 '좋은 지식'을 직접 말로 전해주는 것이 더 효과적이기도 하지. 농부든 소상공인이든 세계 곳곳의 소식이나 놀라운 프로젝트를 듣게 되면, 그들 나름대로 상상력을 펼치며 궁금해하게 되네. 이런 대화가 쌓이면, 그들의 '생각 폭'을 조금씩 넓혀줄 수 있어.

　자네가 직접 다녀온 여행담을 들려주면서, 그 현지의 풍습과 문화, 그리고 이를 어떻게 생활에 적용해볼 수 있을지를 자연스레 들려줄 수도 있네. 이런 대화는 어떤 '교재'처럼 딱딱하지 않고, 본인들이 흥미를 느낄 만한 요소—외국 가정의 식생활, 농경 방식, 시장 풍경 등—를 곁들이면 훨씬 흥미롭지 않겠나.

　시골 지역에서는 공개 강연이나 세미나를 열기가 어렵겠지만, 간단한 모임, 가령 주말에 몇 사람만 모이는 동아리를 만들어 '지적 즐거움'을 나눌 수도 있네. 이때 주의할 점이 있어. 참가자가 처음에는 서른 명이었는데 나중에 열 명으로 줄어드는 일이 흔하게 발생할 거야. 많은 이들이 처음에는 호기심으로 참석하다가, 곧 생활의 어려움이나 흥미 부족으로 떠나버리거든.

하지만 대부분 떠났다고 해서 좌절할 필요는 없네. 오히려 남은 사람—열 명 혹은 다섯 명, 심지어 한 명일지라도— 중에 진지하게 배우려는 이가 있다면, 그 것만으로도 가치가 있는 거야. 교육이라는 건 종종 '직접 소통'에 의해 전승되며, 한 명이라도 건져낸다면 그가 또 다른 누군가에게 영향을 미칠 수 있으니까.

정리하자면, 우리가 흔히 생각하는 '큰 무대에서의 영향력'이 전부가 아님을 명심하길 바라네. 세계적으로 유명한 학자나 작가가 되지 못하더라도, 자네가 속한 지역 사회와 주변 사람들의 지적·문화적 수준에 맞추어 세심한 영감과 지식을 나누는 일은 분명 큰 의미가 있네. 우리 사회의 집단 지성이 자네와 같은 성찰하는 존재들로 인해 한 걸음씩 발전할 것이기 때문이지.

직접 만나 대화하고, 기사나 책을 빌려주고, 일상 속에서 새로운 관점을 슬쩍 전해주는 작은 움직임들이 바로 자네가 뚫어야 할 돌파구가 될 수 있지. 자, 그렇다면 자네도 일단 가장 가까운 곳에서부터 시작해보면 어떻겠나. 가족, 이웃, 지역 모임, 혹은 소규모 독서회든 말이야. 글을 쓰거나 발표하는 공식 무대가 아니어도, 자네의 지식이 숨 쉬고 흐를 수 있는 자리가 의외로 많을 걸세.

원대하고 험난한 야망을 품는 것은 괜찮지만, 그것에만 사로잡혀 정작 소소하게 지식을 발휘할 기회를 놓치지는 말게나. 지적 성취나 영향력이라는 것도, 사실 그렇게 작은 일들이 모여 큰 흐름이 되는 법이니.

산만한 시대에 지적으로 고립된 사람에게

"고독한 자여, 화가 있을지어다!"라는 세상의 외침에, 고독을 사랑하는 이는 이렇게 답하지. "혼자 있을 수 없는 자여, 화가 있을지어다!"

우리는 사회와 고독, 두 가지 모두를 필요로 한다네. 마치 여름과 겨울, 낮과 밤, 운동과 휴식이 모두 필요하듯 말이지. 친구들과 나눈 즐거운 대화만큼이나, 고요한 밤하늘 아래 홀로 보낸 시간도 삶의 귀중한 일부라네.

그렇다면 온전한 삶이란 어떤 모습일까? 그것은 마치 함대의 일원으로서 서로 힘을 나누는 동시에, 홀로 망망대해를 항해할 수 있는 배와 같아. 우리는 사회에 속하면서도, 온전한 개인으로 살아갈 수 있어야 하네.

프랑스 철학자 미셸 드 몽테뉴의 삶에서 고독의 진정한 의미를 발견할 수 있다네. 그는 처음에는 과시하기 위해 책을 샀지만, 나중에는 진정으로 독서하기 위해 책을 선택했다네. 전자는 사회의 영향을, 후자는 고독의 효과를 보여주지. 마치 홀로 여행하는 이가 배고플 때 음식을 고르듯, 고독한 학자는 사회적 형식에 얽매이지 않고 필요에 따라 책을 선택한다네.

물론 고독에도 대가가 따르지. 고독 속에 머물다 보면 일상적인 사회생활에 적응하기 어려워질 수 있어. 교양 없는 이들의 의심을 살 수도 있고. 그들은 당신과 함께 있을 때 불편함을 느끼고, 때로는 두려워하며, 그 불편한 감정을 뒤에서 빈정대는 말로 달랠 수도 있네.

하지만 이 긴장을 해결할 지혜가 있지. 바로 제때 전진하고 퇴각하는 걸세. 당신을 이해할 준비가 된 사회 속으로 들어가게나. 아니면 당신의 지적 깊이가 타인에게 부담되지 않으면서도, 스스로 불만스럽지 않은 고독 속으로 물러나는 것이 좋다네. 결국 고독과 사회를 오가는 균형이 필요하지 않겠나.

영국 과학자 아이작 뉴턴을 보게나. 그는 사회와 명성을 모두 멀리했지. 지속적인 고요 속에서야 비로소 깊은 연구에 필요한 시간을 확보할 수 있었어. 또 영국 시인 존 밀턴을 떠올려보게. 그는 시력을 잃고 세상에서 멀어졌을 때, 바로 그 고독 속에서 《실낙원》을 썼어. 때로는 고독이 위대한 창조의 조건이 되는 법이라네.

고독 속에 들어가는 것은 결코 세상으로부터의 도피가 아니네. 오히려 더 깊은 세상으로 향하는 것이지. 고독은 성장의 토양이자, 섬세한 영혼의 안식처고, 창조적 정신이 피어나는 온실이라네.

> **"지식의 더딘 발효를 견디는**
> **힘이야말로 진정한 배움의 시작이다."**

우리는 지적 생활을 이야기할 때 주로 방법론에 집중한다. 어떤 책을 읽을지, 어떻게 공부할지, 시간 관리는 어떻게 할지가 주요 화두로 떠오른다. 그러나 정작 가장 큰 장애물은 공부하는 과정에서 마주하는 불편한 감정이다.

고요한 성장을 방해하는 마음의 소음들이 들려올 때, 우리는 어떻게 해야 할까? 지루함이 찾아오면 스마트폰을 집어 들고, 불완전한 이해 탓에 답답함을 느끼면 서둘러 다음 주제로 넘어간다. 혼자만의 시간이 무의미하게 느껴질 때는 소셜미디어의 소음으로 공허를 채운다. 이런 감정은 현대인의 지적 생활을 좌우하는 보이지 않는 숨은 방향타가 되고 말았다.

앞서 살펴본 '조용한 지성인'의 특별함은 어쩌면 이 감정을 다루는 방식에 있는지도 모른다. 그들은 지루함을 견디는 법을 알고, 불완전함을 자연스럽게 받아들인다. 고독의 시간을 두려워하지 않고 오히려 즐기며, 빠른 성과에 대한 강박을 내려놓고 천천히 발효되는 지식의 깊은 맛을 음미할 줄 안다.

사실, 이런 불편한 감정은 성장의 신호다. 번아웃, 권태, 그리고 실천하지 못하는 무력감조차도 성장이라는 여정의 일부일 뿐이다. 중요한 것은 불편한 감정을 피하거나 부정하지 않고, 함께 걸어가는 법을 배우는 것이다.

당신의 불안과 초조함은 어쩌면 깊어지는 배움의 증거일지 모른다. 혼자만의 시간이 불편하게 느껴지고, 더딘 성장에 초조하며, 자신의 작은 영향력에 회의가 들 수도 있다. 하지만 기억하자. 이런 감정은 당신이 진정으로 배워가는 중에 있다는 증거다. 그리고 이 불편한 감정을 이해하고 다루는 법을 배우는 것은 정말 중요하다.

제4부 ───────────────── 지적인 삶을 위한
시간 관리

적절한 시간 분배를 고민하는 사람에게

모든 기회는 시간과 불가분의 관계이기에, 아무리 좋은 기회라도 필요한 시간을 투자하지 못하면 의미가 없어. 우리는 시간을 잘 활용한 만큼 보상이 따르는 위대한 원리를 보게 되네. 그렇기에 한 기회를 잘 살리면 놓친 다른 기회의 아쉬움도 달랠 수 있지. 자네처럼 학문을 위한 최적의 조건을 가진 이도 모든 기회를 다 활용하지 못하는 데서 약간의 슬픔과 실망을 느낄 수 있지. 하지만 기억하게. 기회란 우리가 그것을 활용할 수 있을 때에만 존재한다네.

　하루를 의미 있게 보낸 사람은 자신이 선택한 일에 시간을 투자했기에, 어떤 일들은 미루거나 포기할 수밖에 없었을 것이네. 하지만 그만큼 자신이 선택한 일에 최선을 다했기에, 하지 못한 일들에 대해 후회하거나 남들과 비교하지 않고 자신의 성취를 담담히 인정할 수 있다네.

　지적인 삶을 동경하지만 그 어려움을 직접 겪어보지 못한 이들은 종종 자네처럼 유리한 위치에 있는 사람을 부러워하지. 마치 포도밭에서 포도를 따듯 지식을 손쉽게 얻을 수 있다고 생각하면서 말일세. 하지만 그들은 시간이라는 요소를 간과했어. 한 가지 연구에 쓴 시간은 필연적으로 다른 연구에 빼앗긴 시간이 되며, 하루의 시간은 누구에게나 똑같이 제한되어 있네.

무수한 기회가 있는 것처럼 보이는 상황은 오히려 위험할 수 있고, 반대로 환경적 제약으로 인해 좁지만 깊이 있는 분야에 집중하게 되는 것이 더 큰 보상이 될 수도 있네. 영국인의 작은 정원을 보게나. 아메리카 원주민의 끝없는 평원보다 더 풍요로운 삶을 만들어내지 않았나? 문화란 그런 것일세. 넓이를 잃는 대신 깊이를 얻는 거야.

이 원리는 조상들이 우리보다 훨씬 덜 유리한 환경에서도 훌륭한 지적 훈련을 받았다는 사실을 어느 정도 설명해주네. 우리는 에세이의 시대에 살고 있지만, 현대의 어떤 에세이스트도 옛 몽테뉴보다 더 나은 글을 쓰지는 못하지 않는가? 몽테뉴는 고대 문학과 자신의 시대의 삶을 통해 지성을 갈고닦았네. 만약 그가 오늘날에 태어났다면, 더 많은 것을 배우고 더 많은 책을 읽었겠지. 하지만 그 시간은 그가 사랑한 고전 작가들과의 친밀한 대화에서 얻을 수 있었던 성과를 거두지 못했을 걸세.

몽테뉴♣가 자신의 서재에서 필요한 만큼만 공부했듯

♣
미셀 드 몽테뉴(1533~1592)는 38세에 공직에서 물러나 보르도 근교 자신의 성으로 돌아와 3층 원형 탑에 서재를 마련했다. 이곳에서 그는 사색과 글쓰기에 온전히 몰입했다.

이, 현명한 사람이라면 자신에게 필요한 만큼만 배우는 것으로 충분하네. 우리도 그것 이상을 바라지 말고, 대신 그에 따른 황금 같은 보상에 의지했으면 하네.

영국 미학자 존 러스킨과 영국 화가 단테 가브리엘 로세티의 사례는 시간 배분의 중요성을 잘 보여주네. 하루에 어느 한 분야에 조금 더 투자한 시간이 그들의 정체성을 결정했어. 그들이 작가가 되었는지 화가가 되었는지는 재능의 차이가 아닌, 시간 투자의 결과였지. 프랑스 화가 앵그르의 경우도 마찬가지였네. 그가 화가로 알려질지 바이올리니스트로 알려질지 말이야.

매우 불규칙한 생활 습관을 유지하는 사람에게

시간의 리듬이 나이에 따라 어떻게 변하는지 살펴보세. 성인과 아이의 시간 감각은 마치 서로 다른 악기처럼 다른 박자로 움직이네. 성인은 시간을 '큰 덩어리'로 나누는 게 좋아. 3~5시간을 하나의 일에 연속으로 투자하는 방식이지. 깊이 있는 집중과 성과를 위해서는 이런 충분한 시간이 필요하네.

하지만 아이는 정반대라네. 아이의 마음은 나비처럼 이 꽃에서 저 꽃으로 가볍게 움직이지. 빠른 전환은 자연스럽지만, 한자리에 오래 머무르는 것은 아이의 본성과 맞지 않네. 이는 지속적인 집중이 두뇌를 피로하게 만들어 무기력해지기 쉬운 특성 때문이라네. 학교에서 여러 과목을 번갈아 배우는 것도 이런 이유에서라네. 성인에게는 방해되는 잦은 전환이 아이에게는 오히려 휴식이 되지.

성인의 사고방식은 정원의 식물과 같아. 깊은 뿌리를 내리고, 한곳에서 오래 머물며 성장하는 특성이 있네. 그런데 이런 성인을 갑자기 다른 곳으로 옮겨 놓으면 어떻게 되겠나? 식물이 활력을 잃고, 뿌리를 다시 내리는 데 시간이 필요한 것처럼, 성인도 갑작스러운 변화에 적응하는 데 시간이 오래 걸리지.

그렇다면 성인은 어떻게 효과적으로 집중할 수 있을까? 피아노 조율사처럼 마음 전체를 하나의 음조에 맞추어야 하네. 마치 대가의 피아노 조율처럼, 우리의 모든 감각과 사고를 하나의 완벽한 화음으로 조율할 필요가 있어. 이것이 바로 집중의 예술이지. 일부는 바이올린을 조율하듯 이걸 순식간에 해내기도 하네. 다행히도 이런 능력은 반복적인 훈련으로 개발할 수 있다네.

19세기의 저명한 생물학자 퀴비에♣라는 흥미로운 인물을 보게나. 다양한 연구 주제에 순식간에 몰입하는 능력이 그의 가장 큰 강점이었다네. 하지만 그런 뛰어난 능력

♣ 조르주 퀴비에(1769~1832)는 프랑스의 동물학자로, 현대 비교해부학과 고생물학의 창시자로 알려져 있다. 그는 멸종 개념을 확립하고 화석 연구를 통해 지질학과 생물학의 발전에 크게 기여했다.

을 가진 사람들도 작업의 성격에 따라 성과가 달라지지. 단어 암기 같은 기초 언어 학습은 짧은 시간에도 효과적이지만, 학술 논문 작성처럼 깊은 사고가 필요한 작업은 중단했다 이어가기가 훨씬 어려워.

깨진 거울 조각이 빛을 반사하듯, 부서진 시간의 파편도 가치 있게 활용할 수 있네. 하지만 온전한 거울이 선명한 상을 비추듯, 연속적인 시간의 흐름이 주는 집중력과 깊이에는 미치지 못하지. 시간을 마음대로 쓸 수 있다면, 긴 덩어리로 유지하면서 차분하고 깊이 있게 작업

하는 것이 좋네. 특히 복잡한 작업은 최소 3~4시간 동안 방해 없이 몰입해야 하지.

유화 작업을 생각해보게. 물감을 팔레트에 짜고, 캔버스를 설치하고… 그림을 그리기 전 준비 과정만으로도 꽤 많은 과학 연구는 더 복잡하네. 실험 기구를 세팅하고 시약을 준비하며 정확한 실험 조건을 맞추는 등 준비 과정이 길어지면, 실제 연구 시간이 부족해질까 하는 심리적 부담까지 생기고 말 거야.

이것이 바로 열정적인 탐험가가 여정 중간에서 발걸음을 멈추는 이유라네. 산에 오를 준비를 하느라 정작 정상에 오를 힘을 잃어버리는 것이지. 준비 시간과 실제 작업 시간이 불균형하면 의미 있는 진전을 이루지 못했다는 허탈감만 남게 되네.

시간을 길들이고 싶은 사람에게

진정으로 지적인 사람이라면 절대 자발적으로 따르지 않을 일종의 노예 상태가 있다네.♣ 바로 시계에 대한 맹목적인 복종일세.

♣
해머튼은 시간을 분 단위로 엄격하게 맞추는 것은 일종의 노예 상태로 이어질 수 있다고 보았다. 그는 저서에서 '지나친 시간 통제의 위험성'을 종종 드러낸다.

나는 매우 성실한 사람들이 종종 자기 의지로 이런 노예 상태로 살아가는 것을 보았네. 이를테면, 시계가 9시를 가리키면 책을 펼쳐 어제 읽던 부분부터 시작하고, 9시 15분이 되면, 그 구절이 아무리 흥미로워도 정확히 분침이 점에 도달하는 순간 책을 덮는 식이지.

지성이란 본질적으로 유연성과 여유를 필요로 한다네. 기차와 시계가 완벽하게 일치할 수 있는 이유는, 기차 역시 시계처럼 기계적으로 작동하기 때문일세. 그러나 우리의 정신은 그렇게 단순하지 않아. 너무 엄격하고 세밀한 규칙은 오히려 지적인 사고를 방해할 뿐이야. 정원의 나무를 매일 같은 모습으로 유지하려 가지치기하듯, 시간을 너무 엄격하게 관리하면 생각이라는 꽃이 피어나지 못하지.

스코틀랜드 문학가 월터 스콧 경은 이런 부류의 사람들을 두고 "나는 완벽하게 규칙적인 습관을 가진 천재는 본 적이 없지만, 바보들은 많이 봤다"고 말했다네. 얼마나 통찰력 있는 관찰인가!

시간은 가능하면 긴 덩어리로 분배하는 것이 현명하다네. 15분씩 여러 일에 쪼개 쓰기보다는, 한 가지 작업에 세 시간, 네 시간, 다섯 시간씩 연속으로 집중하는 것이 바람직하지. 마치 피아노 조율사가 악기를 조율하듯, 마음 전체를 하나의 음조에 맞추는 셈이네.

가장 좋은 방법은 대략적인 규칙을 따르는 것일세. "아침에는 글을 쓰고, 오후에는 독서를 하고, 저녁에는 친구를 만난다" 혹은 "하루는 공부하고, 이튿날은 결과물을 만든다" 또는 "한 주는 일하고, 다음 주는 세상을 경험한다"처럼 넓은 범위의 규칙이 가장 적합하다네.

사업가들이 좋아하는 습관 중 하나가 저녁에 이튿날 해야 할 일들을 미리 기록해두는 것이지. 이는 분명 유용한 습관이지만, 지적인 사람들이 이 방법을 적용할 때는 매우 넓고 느슨한 방식으로 해야 하네. 모든 것을 세세하게 기록하려 들어서는 안 되지. 지적 노동자는 소소한 일들을 빠짐없이 처리하는 것을 도덕적 의무로 여겨서는 안 된다네. 이런 태도는 불필요한 스트레스와 걱정을 낳고, 결국 사고의 평온함을 방해하는 걸림돌이 되기 때문이지.

우리에게 필요한 것은 나침반이지 족쇄가 아니야.

방향은 제시하되 걸음걸이는 구속하지 않는, 지혜로운 균형이 필요하지. 이것이야말로 진정한 지성인의 삶이라 하겠네.

마감 스트레스에 시달리는 사람에게

자네가 지금 느끼는 과도한 부담감과 조급함은 마치 마차를 끄느라 녹초가 된 말과 같네. 이는 결코 편안한 상태가 아니며, 깊이 있는 학문 연구에도 전혀 도움이 되지 않지.

게으른 사람들은 종종 조급함이 자신에게 동기를 부여한다고 하지만, 이는 단순 반복 작업에나 적용되는 말일세. 어떤 일들은 습관적으로 빠르게 처리할 수 있지만, 고도의 지적 작업에는 해당하지 않지. 숙련된 바이올리니스트는 빠른 프레스티시모에서도 느린 아다지오만큼 정확하게 연주할 수 있네. 하지만 진정한 시인이 급한 마음으로 뛰어난 시를 쓸 수는 없는 법이지. 과학적 발견도 마찬가지야. 순간의 통찰로 보여도 이는 오랜 시간 깊이 생각하고 인내하며 관찰한 결과에서 비롯된 것이지.

고차원적인 지적 활동은 외부의 압박에 쉽게 흔들리기 마련이라네. 군인이나 사업가처럼 순간적인 판단이 요구되는 이들은 오히려 압박감 속에서 활력을 얻을 수 있지. 하지만 시인이나 학자는 그런 압박 속에서 창의력을 잃고 마네. 이는 고도의 지성을 요구하는 일에 여유와 고요함이 필수적이기 때문일세.

　이런 점에서, 서두름이 주는 해로움을 피하는 핵심은 바로 '선택'에 있다네. 한 뛰어난 풍경화가의 이야기를 들려주겠네. 그는 절대 서두르지 않으려 항상 신경 썼다네. 그의 비결은 '가장 필요하고 가치 있는 것만 골라 담는 것'이었지. 작업 시간이 30분이든 5분이든, 시간을 미리 정해두고 그 안에서 '무엇을 그릴 것인지'를 신중히 가려내는 거야. 그리고 작업하는 시간만큼은 아주 침착하고 평온한 마음으로 그림을 그리네. 5분 스케치를 할 때도 대작을 그릴 때와 같이 모든 붓질에 차분함과 정성을 담지. 그리고자 하는 대상의 범위가 달라질 뿐, 붓을 다루는 속도는 결코 빨라지지 않는다네.

　이러한 원칙은 그림에만 국한되지 않고, 독서와 글쓰기에도 적용된다네. 책을 읽을 때는 자신에게 가장 유익한 부분을 골라 읽고, 불필요한 부분은 과감히 건너뛰는 것이 핵심이지. 방대한 서적이나 자료 속에서 자신에게 필요한 정보를 가려내는 능력이 무엇보다 중요하네. 이는 남의 조언이나 관습에 얽매이지 않고, 자신의 판단으로 필요한 것을 정하는 일이라네.

　다만 모든 학문이 이러한 자유로운 선택을 동일하게 허용하지는 않아. 언어 학습처럼 모든 단어를 꼼꼼히 익혀야 하는 분야는 선택의 여지가 매우 제한적이야. 반면 자연과학은 선택할 수 있는 연구 주제의 폭이 훨씬 더 넓지. 예를 들어 식물학에서는 자신이 관심 있는 식물만 골라 연구할 수 있어.

글쓰기도 선택의 기술이 핵심이라네. 적은 단어로 깊은 울림을 주는 표현을 찾는 것이 중요해. 다만 상업적 글쓰기는 정해진 분량을 채워야 하는 현실적인 제약 때문에 선택의 자유가 줄어들 수밖에 없네. 이는 마치 제품을 만들 때 기본 품질을 유지하되, 수량을 우선시하는 것과 같지.

결국, 시간에 쫓기는 상황에서도 효율적으로 일하려면 선택의 기술을 통해 작업의 질과 시간을 조율하는 지혜를 터득해야 한다네. 이는 자네의 학문적 성취뿐만 아니라, 삶의 질도 한층 높여줄 것일세.

.

최적의 작업 시간을 찾는 사람에게

시간을 자유롭게 선택할 수 있다면, 먼저 '하루 중 언제 가장 중요한 노력을 기울일 것인가'를 결정해야 하네. 지적 노동자의 하루는 하나의 예술 작품처럼 구성되어야 하며, 반드시 한 가지 핵심 작업이 중심이 되어야 하지. 나머지 작업들은 각자의 중요도에 따라 이를 보조하는 역할을 해야 해.

의사들은 대체로 아침 작업을 밤 작업보다 선호하네. 독일 문학의 거장 괴테도 아침에는 글을 쓰고 오후에는 독서와 사교 활동을 했어. 아침은 수면으로 정신이 새롭게 단장되고 아직 외부 자극에 흔들리지 않은 고요한 시간이기 때문이었네.♣

그런데 아침 시간대를 잘 활용하려면, 그 작업자는 아주 유리한 환경에 있어야 하네. 이웃은 조용해야 하며, 가능한 한 우편배달부가 가져올 소식에 대한 걱정으로부터 자

♣ 이는 현대 의학의 견해와도 일치한다. 연구에 따르면 아침 시간대에는 코르티솔 호르몬 분비가 자연스럽게 늘어나 각성 상태가 좋고, 체온도 서서히 상승하면서 인지 기능이 활성화된다. 여기에 가벼운 식사와 운동이 더해지면 카페인 등의 다른 자극제 없이도 자연스러운 각성 상태를 유지할 수 있다. 이와 같은 생리적 조건을 갖추면 집중력이 필요한 작업에 도움이 된다.

유로워야 하지. 만약 서재 창문이 시끄러운 거리를 향하고 있는 데다가 아주 까다로운 업무를 곧 처리해야 한다면, 신경이 조금이라도 예민한 사람은 작업에 방해를 받을걸세. 한 작가의 글에서 이 구절을 발견했네.

"밤에 일할 수 있다면, 그 1시간이 아침의 2시간보다 더 귀중하다. 집은 고요하고, 두뇌는 맑으며, 낮 동안의 산만한 요소들은 모두 사라진다. 앞으로 해야 할 일이나 다가올 고통에 대해 생각하며 자신을 괴롭힐 필요가 없다. 밤과 바깥세상의 일들 사이에는 마치 죽음과 같은 깊은 간극이 존재한다. 내일은 내일이 올 때까지 생각하지 않아도 된다."

모든 사람에게 똑같이 맞는 시간은 없지만, 누구에게나 통하는 기본 원칙은 있다네. 그것은 바로 '가장 중요한 작업을 가장 좋은 시간에 하라'는 것이야. 자네의 하루, 즉 24시간 중에서 가장 알찬 시간을 중요한 작업에 쓰도록 하게. 이때 '하루'란 단순히 태양이 떠있는 시간을 의미하는 게 아님을 명심하게.

여기서 가장 중요한 것은 '방해받지 않는 시간'이라네.♣♣ 책을 매일 2시간 집중해서 읽는 것이 불규칙하게 4시간 읽는 것보다 더 가치 있지. 이 꾸

♣♣
UC 어바인의 글로리아 마크 교수팀의 2008년 연구에 따르면, 업무 중 방해를 받은 후 원래 업무로 완전히 돌아가는 데 평균 23분이 걸린다. 2005년 영국 정신의학연구소의 연구는 지속적인 이메일 확인과 같은 업무 방해가 지능을 일시적으로 10점가량 떨어뜨리는 부작용을 미친다는 것을 입증했다. 이 연구들은 업무나 학습 중의 방해가 단순한 시간 손실을 넘어, 실제로 인지 기능에 측정 가능한 영향을 미친다는 것을 보여준다.

준한 2시간이 1년이면 700시간 이상 쌓이는데, 이는 한 분야에서 전문가가 되기에 충분한 시간이야. 가장 컨디션이 좋은 시간에 가장 중요한 일을 하면 두뇌와 신체 상태가 더 좋아지고, 이렇게 좋은 환경에서 일할수록 몸에 주는 부담도 줄어들지.

시계는 단순한 도구일 뿐이네. 자신에게 가장 소중한 시간을 찾아 지키는 것, 그것이 진정한 시간 예술이지. 그 앞에서는 벤저민 프랭클린의 조언도, 의학자의 권고도 한 발 물러서야 할 걸세.

1분도 허투루 쓰지 않으려는 사람에게

어릴 적 프레드릭 마리엣의 소설 『미드십맨 이지』를 읽었을 거네. '하피호'가 적의 함선을 습격하려고 할 때, 주인공 이지는 낚시에 빠져 잠시 지체했네. 이로 인해 적의 포격을 피하고 적함을 탈취할 수 있었지. 만약 "시간을 놓치지 말라"는 금언을 따라 이지가 서둘렀다면, 포환에 맞아 희생되었을지도 몰라. 물론 이는 순전히 운이었겠지만, 실제 인생에서도 이런 일이 적지 않게 벌어지네.

최근 대륙 철도 사고에서 한 유명 인사가 기차 시간을 잘못 계산해 탑승하지 못했지. 덕분에 그는 목숨을 구할 수 있었네. 사람들은 흔히 '미루는 습관은 시간을 훔치는 도둑'이라고 하지만, 때로 일을 미루는 것이 시간을 아껴주는 경우도 있다네. 예를 들어, 어떤 계획을 다음 날로 미룬 사이에 새로운 정보를 얻었다고 하세. 그 정보로 인해 계획을 수정하거나 취소하게 된다면, 성급히 시작했을 때보다 시간과 노력을 아끼게 되는 셈이지.

"무엇을 해야 할지 모를 땐 아무것도 하지 않는 편이 낫다"는 말이 있네. 이는 전광석화처럼 빠른 판단으로 유명한 나폴레옹도 강조했던 지혜지. 성급한 행동이 오히려 시간을 낭비하게 할 수 있으니, 적절한 멈춤이 필요하네. 방향을 잘 가늠하며 시행착오를 줄이는 것이 시간을 절약하는 길이라네.

사람들은 대개 자신의 시간을 낙관적으로 평가하지. 금방 끝날 거라 믿고 시작한 일이 예상보다 훨씬 더디게 진행되는 경우가 많아. 예술가들도 하루 종일 투자해 소설 몇 페이지를 쓰거나 그림의 작은 부분만 완성하고, 그마저도 수정이 필요할 때면 초라한 결과에 좌절하곤 하지. 그래서 처음부터 실현 가능한 범위를 잘 따져보고 계획하는 것이 중요하네.

독서도 비슷하네. 많은 사람이 방대한 양의 책을 평생 동안 다 읽을 수 있으리라 기대하며 사 모으지만, 결국 제대로 읽지 못한 채 세월만 보내는 경우가 많지. 현실적으로는 엄선한 저자와 작품들에 집중하여 깊이 있게 읽어나가는 것이 더 나을 수 있네. 물론 여름 동안 『페어리 퀸』한 권만 읽겠다고 결심하더라도, 출판사 일이나 우편물이 그 시간을 방해할 수 있지.

다만, 독서는 다른 일들과 달리 분명한 목표 설정이 가능하다는 장점이 있네. 책의 분량을 토대로 읽는 속도를 계산하면 자신의 현실적인 한계를 가늠할 수 있지. 언어마다 읽는 속도가 다르므로, 잘 숙달된 언어에 집중하는 것이 더 효과적이야. 여러 언어를 구사하려는 욕심은 좋지만, 그 과정에서 귀중한 시간을 허비하지 않도록 주의해야 할 걸세.

결국, 한정된 시간을 현명하게 쓸 때에만 생산성이 보장된다네. 지적 영역에서 시간을 절약하는 것은 중요하지만, 지나치게 인색해서는 안 되네. 재무에서 '검소'가 돈을 지혜롭게 써서 최대 효익을 내는 것이라면, '수전노'는 단순히 쓰는 돈을 최소화하려는 태도지. 시간 관리에서도 극단적인 절약은 지양해야 하네. 예술가들이 말하듯, "시간을 주어라"는 충고는 특히 인내심이 부족할 때 귀담아들을 필요가 있지. 충분한 시간을 들이는 것 자체가 작업의 완성도를 높이는 핵심이라네.

미숙한 언어로 된 텍스트를 읽을 때도 마찬가지지. 문법과 어휘에 막혀 저자가 전하고자 하는 본질을 놓치면, 엉뚱한 데 시간을 허비하게 되네. 기억에 오래 남으려면 '강렬한 충격'이나 '충분한 시간'이 필요하지만, 대부분의 학습은 충격적이지 않으니 결국 시간을 충분히 투자해야만 한다네.

창작 역시 마찬가지라네. 단순해 보이는 설계라도 실제로 시작하면 복잡한 세부사항이 생겨나지. 한 극작가는 "일이 몰리고 마감이 닥치면 오히려 마비된다"고 토로했다네.

물론 압박감이 도움이 될 때도 있어. 쇠에 강한 압력을 가하면 불꽃이 튀듯, 긴장감이 창의력을 자극하기도 하지. 로시니가 젊은 작곡가에게 했던 조언이 생각나네. "오페라 서곡은 첫 공연 전날 밤에 쓰세요. 궁지에 몰리고, 악보 복사자는 기다리며, 극장 지배인이 머리털을

쥐어뜯는 광경을 보면 영감이 샘솟을 테니." 그는 "내 시대의 이탈리아 흥행주♣들은 서른 살에 벌써 머리가 벗겨졌다"며 농담을 덧붙이기도 했지.

♣
오페라 공연을 기획하고 운영하던 사업가를 일컫는다. 오늘날의 공연 프로듀서와 유사한 역할을 했으며, 오페라의 상업적 성공과 예술적 발전에 큰 영향을 미쳤다.

실제로 로시니는 서곡 「오텔로」를 공연 당일 새벽, 지배인이 그를 방에 가둬놓았을 때 완성했고, 「도둑 까치」도 초연 당일 아침에 위층에서 종이를 한 장씩 아래로 던지며 써냈다네. 극한의 압박이 특별한 에너지를 끌어낸 것만은 분명하지.

하지만 로시니는 "그 시간 안에 해낼 수 있다"는 확신이 있었기에 가능했네. 마치 학생이 시험 직전에 숙제를 해치우거나, 연설가가 즉흥 연설을 하는 것처럼 말이야. 런던에서 에든버러까지 달리는 고속열차도 정해진 시간에 도착할 수 있다는 확신이 있기에 출발하는 것이지.

결국 가장 위험한 시간 낭비는 '잘못된 계산'에서 비롯되네. 많은 지식인이 여러 분야를 동시에 시작했다가 하나도 제대로 끝내지 못하는 걸 보면 알 수 있어. 처음부터 시간을 잘 계산했다면 시작도 하지 않았을 일들인데 말이야.

특히 이 점을 강조하고 싶네. 사람들은 짧은 시간은 정확히 계산하면서도, 긴 시간이 필요한 일에 대해서는 터무니없이 낙관적인 태도를 보이지. 10년이란 시간이 주어지면 밤도 새우고 휴식도 줄여 무언가 대단한 것을 이룰 수 있다고 생각하지만, 실상 독서, 식사, 수면 등 기본적인 생활은 여전히 필요하다네. 시간을 효율적으로 쓸 순 있어도, 인간의 근본적인 한계를 뛰어넘을 순 없다는 말일세.

하지만 이 말이 늘 압박감 속에 살아야 한다는 뜻은 아니네. '1분도 허투루 쓰면 안 된다'며 극단적으로 굴 필요는 없네. 토프퍼는 '나태의 1년'이 교육의 필수 요소라 했고, 클로드 틸리에는 "가장 잘 사용된 시간은 낭비된 시간"이라고 했네. 우리에게는 균형이 필요해. 시간의 한계를 인정하면서도, 때로는 '낭비되는' 시간의 가치를 알아보는 지혜 말일세.

교양을 쌓고 싶어도 시간이 없는 사업가에게

빅토르 자크몽의 편지에 담긴 독일 지성인들의 시간 관리법은 매우 흥미롭다네. 자크몽이 그의 저명한 지질학자 친구에게 어떻게 그토록 많은 것을 배울 수 있었는지 물었을 때, 친구는 이렇게 답했지.

"독일인들은 매우 규칙적인 생활을 하네. 아침 5시에 일어나 식사 전까지 4시간을 일에 몰두하지. 아침 식사는 30분 정도 걸리고, 그 후 30분은 아내와 이야기하거나 아이들과 놀며 보내네. 이후 6시간을 다시 일에 몰두하고, 저녁은 서두르지 않고 여유롭게 보내지. 식사 후에는 1시간 동안 담배를 피우거나 아이들과 놀며 휴식을 취한 후, 잠자리에 들기 전 다시 4시간 동안 작업을 하지. 그리고 이런 패턴을 매일 반복한다네."

이 이야기는 자네에게 용기가 될 수도, 혹은 실망이 될 수도 있네. 독일의 위대한 지성인들이 그들의 업적을 위해 투자한 시간은 사업에 종사하는 자네로서는 도저히 따라가기 힘든 양이지. 하지만 희망도 있다네. 이런 지적 거장들도 한 분야에만 전념하지 않고, 대부분 여러 주제를 동시에 탐구했다는 점이야. 이는 지적 작업의 본질적인 필요를 반영한 것이지.

　　자네의 경우, 사업을 하나의 주요한 지적 활동으로 보고, 남은 시간을 문학이나 과학 분야를 탐구하는 데 쓰는 방식을 생각해볼 수 있네. 이렇게 하면 자네도 위대한 지성인들과 비슷한 방식으로 시간을 활용할 수 있을 걸세.

　　우선 첫걸음으로, 시간을 효율적으로 관리할 수 있는 규칙적인 체계를 세우는 게 중요하네. 나는 자네가 매일 2시간을 독서에 할애할 것을 권하고 싶네. 2시간은 결코 많은 시간이 아닐세. 하지만 자네의 사업과 건강을 해치지 않으면서도, 꾸준히 실현 가능한 목표가 될 수 있지. 하지만 이 시간은 반드시 규칙적이고 연속적으로 써야 하네.

　　플로렌스 나이팅게일은 간호사들에게 환자를 방해하지 말라고 경고하며, 작업의 중단이 단순히 주의를 흐트러뜨리는 것 이상의 해를 끼친다고 했지.

　　"뇌가 생각할 때는 신경 물질을 소모하며, 이는 아픈 이들에게 더욱 빠르게 진행된다. 이런 상황에서 새로운 생각을 강제로 집어넣으면 뇌에 과도한 부담을 줄 뿐 아니라, 실제로 해를 끼치게 된다."

　　독서를 방해받는 것은 단순히 주제를 바꾸는 것 이상의 영향을 미치네. 변호사가 한 사건에서 다른 사건으로 전환할 때처럼 단순히 작업을 바꾸는 것이 아니야. 깊이 몰입한 독자는 마치 완전히 다른 세계에 있는 것과 같다네. 예컨대 플라톤의 『소크라테스의 변론』을 읽으며 소크라테스가 아테네 법정에서 자신의 신념을 변호하는 장면을 머릿속에 그리는 순간, 누군가 방해한다면 어떻게 되겠나? 그 생생한 그림은 산산이 부서지고 말 걸세.

따라서 자네가 독서를 통해 교양을 넓히고 싶다면, 매일 일정한 시간 동안 방해받지 않고 독서에 집중할 수 있는 환경을 만드는 게 중요하네. 이 규칙을 지키며 독서와 학습을 진행한다면, 자네는 원하는 지적 목표에 도달할 수 있을 걸세.

한가하면서도 시간 부족을 불평하는 사람에게

당신의 하루를 돌아보게나. 시간의 주인이라 자부한다 해도 매 순간을 아껴 써야 하네. 많은 사람이 이 절약의 기술을 배우지 못하거나, 그 중요성을 너무 늦게 깨닫지. 하지만 지적 생활자는 하찮은 일에 시간을 낭비하지 않는다네.

'숙달'이 무엇인지 아는가? 그것은 마치 퍼즐의 마지막 조각을 맞추는 순간과도 같네. 한 분야의 모든 필수 요소를 완벽히 습득한 상태를 의미하지. 바이올리니스트라면 모든 포지션에서 정확한 음정을 내는 것, 화가라면 정확한 형태와 색조를 표현하는 것, 언어라면 상황에 맞는 적절한 단어를 구사하는 것 말일세.

우리 각자에게는 완전히 익히지 못한 채 남아있는 지식이 있지. 말하거나 쓸 수 없는 언어, 기초를 완벽하게 익히지 못한 과학, 만족스러운 작품을 만들 수 없는 예술 같은 것들이 그러하네. 이런 불완전한 성취에 쓴 시간은 대부분 낭비였어. 물론 배우려고 노력하는 정신적 훈련으로서의 가치는 있었겠지만, 성취 자체로 보면 낭비가 맞네.

이제 우리는 이런 실수를 반복하지 말아야 해. 계속 추구할 학문에서는 건실함, 즉 체계적으로 정리된 지식을 얻는 데 집중하고, 그런 건실함을 기대할 수 없는 것은 과감히 포기하는 결단이 필요하다네. "우리 동네 식물상을 파악하겠다"라는 구체적 목표가 "세계의 모든 식물을 알겠다"라는 모호한 목표보다 훨씬 효과적이라네. 왜 일까? 한정된 목표는 더 철저한 학습으로 이어지기 때문이지.

다음으로 상호 보완적인 활동을 선택해야 하네. 풍경화가가 식물학을 공부하는 것처럼 말일세. 서로 도움이 되는 분야를 연계하면 시간을 훨씬 더 효과적으로 쓸 수 있네. 곤충학자가 식물을 잘 기억하는 건 우연이 아니야. 식물들 속에서 곤충을 발견해서지. 이처럼 주된 관심사와 이를 보조하는 활동만 남기고, 무관한 것은 과감히 제외해야 하네.

그러나 기억하게. 숙달을 향한 여정에서 가장 빠른 길은 때로는 천천히 가는 것일세. 시험이나 업무의 압박으로 제대로 된 학습을 하지 못하는 것만큼 진지한 학생을 괴롭히는 일이 있을까? 체계적으로 접근하는 것이 핵심일세. 결국 시간이라는 자원을 어디에 어떻게 투자할지 아는 것, 이게 모든 숙달의 출발점이네. 그리고 이를 판단하는 것 자체도 숙달이 필요한 기술임을 잊지 말게나.

우리 시대에 대해 생각해보세. 각 분야의 전문성이 과거와는 비교할 수 없을 만큼 깊어졌네. 다빈치와 같은 전방위적인 천재가 나오기 힘든 시대가 되었지. 그래서 지금은 더욱 전략적이어야 하네. 주요 관심 분야를 명확히 정하고, 그 분야에서 필요한 핵심 역량이 무엇인지 정확하게 파악해야 해. 시간과 노력을 집중해서 건실한 수준까지 도달하되 다른 보조 분야들은 실용적인 수준에서 제한하는 게 현명하다네.

결국 가장 중요한 건 선택과 집중을 통한 전략적인 시간 투자일세. 시간은 한정되어 있고 각 분야는 점점 더 깊어지니, 우리는 더 현명하게 시간을 활용해야만 하네.

가장 좋은 시간 절약법이 뭔지 아는가? 지적인 사람들 중에서도 공부 시간을 절약하는 기술을 가진 이는 드물어. 일단, 모든 학습에서 건실함을 추구하고, 피할 수 없는 한계를 받아들여야 하네. 지식이란 어느 수준까지 숙달해야만 비로소 유용해지네. 만약 그 수준에 도달할 시간과 결단이 없다면? 그건 마치 엔진을 만들다 중간에 그만두어 헛수고만 한 기술자가 되는 셈이지.

학습은 전략가의 전쟁터와도 같아. 각 전투를 신중히 선택하고, 승리를 위해 모든 준비를 갖추어야 하네. 후방의 요새를 점령하지 않고 전진하는 것이 위험하듯, 기초를 확실히 다지지 않은 채 앞으로 나아가는 건 시간 낭비일 뿐이네. 익혀야 할 것은 철저히 익혀, 나중에 다시 돌아올 필요가 없게 해야 해.

하지만 철저한 학습에는 충분한 시간과 여유가 필

요하지. 시험, 경제적 압박, 업무 등의 외부 압력은 이상적인 학습을 방해하는 심각한 장애물이 되곤 하네. 기억하게. 선택한 분야에서만큼은 최대한 깊이 있는 수준에 도달하도록 노력해야 한다는 걸.

"뇌는 시계가 아닌 리듬을 따른다."

시간은 참 이상한 존재다. 하루는 누구에게나 24시간인데, 어떤 이는 "시간이 없다"라며 아우성치고, 어떤 이는 같은 시간 동안 책을 쓰고 음악을 만들고 새로운 발명을 한다. 이 차이는 어디서 오는 걸까?

뇌과학자들은 흥미로운 사실을 발견했다. 우리 뇌에는 '디폴트 모드 네트워크'가 있어서, 마음이 편안히 쉬는 상태일 때 오히려 가장 창의적인 생각이 떠오른다고 한다. 반면 시간에 쫓기면 이 네트워크의 활동이 둔화된다. 세계적인 퍼즐 게임 '테트리스'가 탄생한 것도, 개발자가 시간을 잊은 채 몰입했던 고요한 밤 시간이었다.

현대인의 시간은 끊임없이 잘게 쪼개진다. UC 어바인의 연구에 따르면, 업무 중 1회 방해받았을 때 원래의 집중 상태로 돌아가는 데 평균 23분이 걸린다. 스마트폰 알림, 이메일 확인, 잦은 회의… 우리는 하루에도 수십 번 방해받는다. 그러니 "시간이 없다"라고 느끼는 건 당연하다.

해결책은 의외로 단순할 수 있다. 첫째, 시간을 블록으로 나누어 관리하라. 특히 2~3시간 단위로 명확한 목적을 가진 시간 블록을 만든다. 둘째, '방해받지 않을 권리'를 스스로에게 선물하라. 깊은 생각이 필요한 시간에는 모든 알림을 끄고 온전히 집중하라. 셋째, 에너지 관리에 신경 쓰라. 아침 시간대에는 자연스럽게 코티솔이 높아져 집중력이 좋다. 이때를 가장 중요한 일에 써보자.

무엇보다 기억해야 할 것은 시간 관리가 단순한 생산성의 문제가 아니라는 점이다. 시간 관리는 우리의 창의성, 행복감, 그리고 지적 성장과 직결된다. 매일 1%씩만 개선해도 1년 후면 37배의 변화가 일어난다. 급격한 변화를 꿈꾸기보다, 작지만 지속 가능한 변화를 만들어보자.

결국 시간은 관리의 대상이 아닌 대화의 대상일지도 모른다. 시간과 싸우기보다는, 시간이 들려주는 이야기에 귀 기울여보자. 당신의 하루는 어떤 리듬으로 흐르는가? 언제 가장 선명한 생각이 떠오르는가? 이 질문들과 진지하게 마주할 때, 비로소 우리는 시간과 평화로운 관계를 맺을 수 있다.

시간 관리를 잘하고 싶은 현대인에게 제안을 하자면:

① **복리의 법칙을 적용하라.** 매일 1%의 개선이 1년 후에는 37배의 성장으로 이어진다. 당장의 큰 변화보다는 작더라도 꾸준한 일상의 변화를 만들어내자.

② **기회비용을 고려하라.** 모든 '예스'의 이면에는 수많은 '노'가 존재한다. SNS에 쓰는 30분은 독서를 포기한 30분이다. 매 선택 앞에

서 자문하자. "이것이 지금 내가 할 수 있는 최선의 선택인가?"

③ **에너지 관리가 시간 관리보다 중요하다.** 단순히 시간을 늘리기보다 시간의 질을 높이는 게 핵심이다. 피곤한 오후 2시간보다 상쾌한 아침 1시간이 더 가치 있다. 최고의 에너지를 가장 중요한 일에 쓰자.

④ **시간 분석을 습관화해라.** 하루를 마무리하며 15분만 투자하자. '의미 있게 쓴 시간'과 '흘려보낸 시간'을 정직하게 구분하라. 주말에는 한 주의 패턴을 살펴보라. 변화는 인식에서 시작된다.

⑤ **시간을 블록화하라.** 하루를 2~3시간 단위로 나누어 설계하라. 각 블록에 명확한 목적을 부여하라. '깊은 생각'이 필요한 일에는 방해받지 않는 온전한 시간을 확보하라.

제5부 ——————————— 똑똑한 사람들의
우정과 사랑

지적 대화를 나눌 친구가 없다고 느끼는 당신에게

순수하게 지적인 교류만으로 맺어진 관계는 오래가기 어렵다네. 서로의 마음을 지탱해줄 감정적 토대가 없다면 말이야. 물론 지적 교류를 통해 형성된 우정이라고 해서 실체가 없는 것은 아니야. 오히려 그런 관계가 유효기간을 다해 자연스럽게 끝나더라도, 그동안 나눈 배움과 깨달음은 오래도록 기억에 남아 서로에게 고마운 마음을 남기지.

이러한 관계들은 '이해관계에 따라 맺어지는 동업관계'에 가깝다네. 서로가 이익을 추구하지만, 그 바탕에는 깊은 애정보다는 성실함과 상호 존중이 자리 잡고 있기 때문이지. 지적 생활의 목적은 '진리를 찾아내고, 그 진리를 전달하는 것'이라 할 수 있어. 그래서 누군가는 지식을 얻고 싶어 하고, 누군가는 그 지식을 전하고자 하는 열망이 있다네. 이 두 욕구가 음(陰)과 양(陽)처럼 서로를 끌어당겨 자연스레 관계가 맺어지지 않겠나?

이런 관계는 욕구가 어느 정도 충족되고 나면 자연스레 식어버릴 수도 있네. 그렇지만 대부분 그 이후에도 서로에 대한 호의가 남아서, 비슷한 일이 생길 때마다 다시 돕고자 하는 마음이 이어지는 법이지. 바로 이런 단순 명료한 작동 방식이 이 관계의 핵심이라네. 다만 지적 교류가 오래 이어지다 보면 사유나 말이 의도치 않게 상대의 성품 일부를 드러낼 수도 있어. 그 과정에서 진짜 '우정'이 싹틀 기회가 생기기도 하지.

남의 정신세계를 완전히 소진하는 것은 쉽지 않지만, 우리가 얻을 수 있는 부분도 어느 순간부터는 더 이상 새롭게 느껴지지 않을 때가 오네. 그러면 교류 초기에 누렸던 신선한 매력이 사라지고, 그로 인해 생기는 실망감에 좌절하기도 하지. 하지만 나이가 들고 세상에 익숙해질수록, 우리는 그런 현상에 그다지 낙담하지 않게 되네. 다른 사람의 정신세계도 몇 번의 만남만으로 대체로 드러나고, 그로부터 얻을 수 있는 것 역시 한정적이라는 사실을 이미 알고 있기 때문이지.

그래서 애초부터 그 신선함을 서서히 음미하며, 성급히 소진하지 않으려 애쓰게 된다네. 예를 들어, 포도나 자두 표면에 맺힌 새하얀 과분을 일부러 손대지 않고 보존하는 것과도 같지. 조금 냉정한 말일 수 있지만, 한 사람이 충분히 가까운 거리에 있어서 '언제든 더 깊게 파고들 수 있겠지' 하는 여지가 있다면, 굳이 한 번에 다 알아내려 하지 않는 편이 현명할 수도 있다는 것이네.

지적 우정이 필요하다면 마치 온실에서 작물을 이어 심듯이, 한 명의 지적 친구가 싱싱함을 다해갈 즈음 새로움을 줄 이가 자연스레 그 자리를 대체하도록 미리 준비해두어야 하네. 이 말이 꽤 비정하게 들릴 수도 있겠지만, 감정적 유대를 바탕으로 한 '진짜 우정'과는 별개로, 일시적인 '머리의 우정'만 놓고 본다면 이런 방식도 나쁘지 않다네.

내가 아는 어느 뛰어난 영국인은 이런 식으로 자기 주변에 지적 친구들을 잘 두어서, 결코 고립되지 않고 늘 새롭고 유익한 교류 속에서 살아가더군. 물론 "이건 소년 시절 누리던 영속적인 우정에 대한 믿음을 배반하는 게 아닐까?" 하고 의심할 수도 있지. 하지만 이는 '인간 교류의 가치를 높게 보며, 현재의 인연을 즐기고, 미래의 신선한 교제를 기대하고, 과거에 대해서도 감사하는' 매우 긍정적인 태도라 할 수 있네.

사람들이 기쁘게 마음을 열어 자기 지식을 기꺼이 전해주는 모습만큼, 지적 생활에서 더 아름다운 광경도 없다네. 물론 재산을 나누는 부자가 더 큰 희생을 치른다는 시각도 있겠지만, 지적 교류에 들이는 '시간'이라는 자원이야말로 지식인들에게는 무엇과도 바꾸기 힘든 귀중함이 아니겠나. 그것을 선뜻 기부하는 거니까.

특히 어른이 된 학자나 예술가가 아직 미숙한 후배에게 아낌없이 조언해주는 관계는 정말 존귀하다네. 진정한 학문과 예술의 전통은 세상에 드러난 업적뿐 아니라, 이처럼 개인 간의 순수한 교류를 통해 세대를 거쳐 이어지는 경우가 많지.

램브란트♣와 그의 제자 호흐스트라턴의 이야기가

바로 그런 예라네. 호호스트라턴이 여러 가지 질문을 했을 때, 렘브란트는 이렇게 답했다고 하지.

"이미 알고 있는 것들을 제대로 활용하도록 애쓰게. 그러다 보면, 그대가 지금 알고 싶어 하는 '감춰진 것들'도 자연스레 스스로 깨우치게 될 걸세."

♣
렘브란트(1606~1669)는 네덜란드의 대표적인 화가이자 판화가로, 빛과 그림자의 대조를 통해 극적인 표현을 구현하는 데 탁월했다. 대표작으로 『야경순찰대』, 『돌아온 탕자』 등이 있으며, 그의 작품은 인간의 감정과 내면을 섬세하게 표담아냈다고 평가받는다.

이는 연륜이 깊은 스승이 내놓을 수 있는 가장 이상적인 조언이네. 후배가 이미 쌓아둔 지식과 경험의 가치를 인정해주고, 차근차근 자기 것을 다듬어가다 보면 더 깊은 원리를 스스로 발견하게 될 거라 응원하는 것이지.

우리 모두는 인생의 어느 순간, 연륜 있는 선배의 우정을 통해 소중한 가르침을 받았을 걸세. 그때의 스승은 우리에게 평생 잊지 못할 큰 깨달음을 준 분이었을 거야. 비록 그 은혜를 직접 되갚을 수는 없더라도, 때가 되면 우리 또한 후배들에게 그 전통을 이어줄 기회를 맞게 되겠지. 이처럼 지적 생활의 전통은 사람과 사람 사이에서 끊임없이 이어지는 것이네.

대화에서 소극적이거나 주눅 든 사람에게

나는 지난번 자네가 털어놓았던 이야기를 곱씹으면서, 그동안 어렴풋이 의심만 해오던 어떤 상황을 확인한 느낌이 들었네. 사람들은 서로 만날 때, 때로는 진지한 대화보다 편안한 휴식을 더 원하기도 하지. 특히 매력적인 상대와 대화할 때는 대화의 깊이보다는 그저 함께 있다는 사실 자체로 만족감을 느끼곤 해. 하지만 지적 호기심이 큰 사람이라면, 이러한 가벼운 교류에서 아쉬움을 느낄 수밖에 없지.

자네가 말하길, 주변 사람들과 함께 있을 때 깊이 있는 주제를 꺼내기가 어렵다고 했지. 자네가 중요하게 생각하는 주제를 꺼내면 다들 생소해하며 대화가 이어지지 않는다더군. 반면 비슷한 관심사와 지적 수준을 가진 이들과는 편안히 어울릴 수 있고, 특히 깊이 있는 사고를 하는 사람들과 함께 있을 때 가장 마음이 놓인다고 했네. 결국 자네가 주로 느끼는 어려움은, 많은 사람이 낯선 사고나 심오한 이야기에 인내심을 보이기보다는, 익숙하고 소소한 주제들만 선호한다는 점이겠지.

우리 사회는 오랫동안 특정 주제를 특정 집단의 전유물처럼 여겨 온 것이 사실이야. 하지만 이는 사회적 관습과 규범이 만들어낸 결과일 뿐이고, 개인이 본질적으로 지닌 능력이나 관심사와는 직접적인 관련이 없는 경우가 많지. 다양한 배경을 가진 사람들이 자유롭게 생각을 나누고 토론할 수 있다면, 대화는 훨씬 더 풍성해질 거야. 문제는 사회적 관습이 때로는 특정한 대화 방식이나 주제를 암묵적으로 제한한다는 점이지. 이런 제약이 쌓이다 보면, 일부 사람들은 보다 깊이 있는 사고나 대담한 토론을 시도할 기회를 잃게 되고, 결국 지적 잠재력이 '일상적인 소소함'에 머무르게 된다는 거야.

하지만 모든 사람이 언제나 '큰 주제'만 붙들고 살 수는 없을 뿐더러, 일상의 소소한 일들을 전혀 즐기지 않는 태도 또한 바람직해 보이지 않네. 오히려 사소한 것이라도, 그것이 유럽이나 세계의 큰 흐름과 연결되어 이야기된다면 한층 더 깊이 있고 흥미로워질 수 있지. 내 경험을 돌아보면, 대화가 지루해지는 순간은 언급된 사실들이 중심 주제와 연결되지 못한 채 흩어진 정보로만 남았을 때였네.

예를 들어, 누군가가 "지난주에 쥐 한 마리를 봤어요"라고만 하면 특별한 인상을 주지 못할 거야. 하지만 이렇게 말한다면 어떨까?

"어느 늦은 밤 계단을 올라가는데, 쥐 한 마리가 저와 같은 방향으로 계단을 오르고 있더군요. 재미있는 건, 제가 촛불을 들고 따라가는데도 두어 계단마다 멈춰서 저와 촛불을 힐끗 살피다가 제가 지나가면 다시 느긋하

게 움직이는 거예요. 보통 쥐 와는 다르게 얼굴과 꼬리 색 이 특이해서 레밍♣이 아닐까

♣ 북극 지방에 서식하는 작은 설치류

싶었죠. 사흘 뒤 다시 마주쳤는데, 이번에는 마치 저를 알아보기라도 하듯 옆으로 살짝 비켜주는 게 아니겠어요? 혹시 길들일 수 있을지도 모르겠네요."

　이런 이야기는 사소해 보여도 '동물의 성격'이라는 주제와 연결되어 듣는 사람의 흥미를 단숨에 사로잡을 수 있지 않겠나.

　내가 제안하고 싶은 것은, '작은 이야기들'을 피하기보다는 오히려 자네가 먼저 나서서 그 대화를 의미 있는 방향으로 이끌어보는 게 어떻겠느냐는 거야. 어떤 모임에서든 소극적이거나 여러 이유로 주눅이 든 사람들이 있기 마련이지. 그들은 마음속으로 더 깊이 있는 대화를 나누고 싶은 갈증이 있는데, 대화를 이끌어줄 주도적인 사람이 없어 그 바람이 이루어지지 못한 거야.

피상적인 대화만 반복하는 당신에게

오늘은 우리 사회의 소통 방식에 관해 이야기해보고 싶네. 교양 있는 사회에서는 종종 상대방의 감정을 배려한다는 이유로 진실을 감추기도 하지. 물론 감정적 배려가 사회를 부드럽게 만들기는 하지만, 그 과정에서 진실은 점점 닳아서 무뎌진 칼날처럼 변하고 마네.

　세상 물정에 밝은 이들을 보게나. 대화를 시작하기 직전의 짧은 순간에, 그들은 상대의 기분을 해치지 않으면서도 자신의 생각을 어떻게 전할지 고민하네. 그리고 바로 그 순간, 진실은 필연적으로 왜곡되고, 알고 있는 것과 실제로 전달되는 것 사이에는 커다란 틈이 생기네.

　우리는 종종 전혀 흥미를 느끼지 않는 주제에 큰 관심을 보이면서도, 정작 중대한 사안은 가볍게 넘기곤 하지. 이런 대화는 잠깐의 즐거움은 줄 수 있을지 몰라도 지적 성장의 기회를 앗아가네. 그 결과, 우리는 현실과 동떨어진 환상 속으로 더 깊이 빠져들 뿐이지. 가끔이라면 큰 문제가 되지 않겠지만, 이것이 일상이 된다면 심각하게 보아야 할 문제이네.

　이 같은 소통 방식은 단순한 사회적 관습이 아니야.

우리가 서로 다른 방식으로 교육받고, 서로 다른 사회적 기대 속에서 자라난 결과라네. 특히 교양의 기회가 제한되었던 이들은 대화 중 낯선 주제에 불편함을 느끼거나, 자신의 지식 범위를 벗어난 이야기에 당황할까 봐 전전긍긍하곤 하지. 하지만 동등한 교양을 갖춘 이들 사이에서는 이러한 불편함이 훨씬 적네. 서로를 존중하는 가운데 한층 진정성 있는 소통이 가능해지지.

이러한 관점에서 교양의 보편화는 우리 사회의 소통에 새로운 지평을 열어줄 거라 믿네. 진정한 평등은 서로의 감정을 감싸는 얕은 배려가 아니라, 공유된 지적 교양이라는 단단한 토대 위에서 피어나는 법이야. 진실과 더 자주 마주하는 것은 우리 모두가 지적 성장을 이루는 획기적인 전환점이 되리라 믿네.

연애할 때 대화가 잘 통해야 한다고 믿는 당신에게

오늘은 많은 사람이 놓치고 있는 결혼의 핵심, 바로 '대화의 질'에 관해 이야기하고자 하네. 재력, 외모, 성격은 꼼꼼히 따지면서도, 정작 가장 중요한 것을 간과하는 우리의 모습이 얼마나 아이러니한가. 생각해보게나. 서로 대화가 통하지 않는 사람과 평생을 함께해야 한다면, 그 고립감이 얼마나 깊고 고통스러울지 말일세.

내 변호사 친구 이야기를 들려주겠네. 뛰어난 지성을 가진 그는 아내에게는 일 이야기를 절대 하지 않는다는 원칙을 세웠다네. 친구들과는 와인 한 잔을 나누면서 쉽게 마음을 터놓으면서도, 아내 앞에서는 와인을 짝으로 마셔도 끝내 자신을 드러내지 않았지. 겉으로는 현명해 보이는 이 태도가 사실 얼마나 큰 비극인지 모른다네.

지적인 결혼이란 단순히 두 사람이 함께 사는 것이 아니라, 두 정신이 깊이 만나고 연결되는 결합이라네. 그래서 한 대학교수의 미망인이 했던 말이 더욱 가슴에 와 닿지.

"남편이 자기 수준으로 저를 이끌어주려 했다면, 저는 충분히 따라갈 수 있었을 거예요."

이 한마디에 얼마나 많은 아쉬움과 안타까움이 묻어나는가.

가장 쓸쓸한 순간은 배우자가 다른 이들과의 대화에서 더 큰 생기를 얻고 있음을 발견할 때네. 서로를 사랑하지만, 같은 깊이로 고민할 수 있는 동료와 더 흥미로운 시간을 보내는 거지. 그리고 배우자는 말은 안 하겠지만, 분명히 이를 알아채기 마련이라네. 그러고선 아마 이렇게 생각할 거야.

'우리는 거의 마주치지 못하는 셈이다. 서로 다른 세계에 살고 있으니까.'

일주일에 한두 번 함께하는 산책조차 자녀나 일상의 걱정거리로 채워지지. 각자의 세계에서 마주한 깊은 통찰과 고민은 결국 둘 사이의 대화로 이어지지 못하고 말이야.

이것은 능력의 문제가 아니라네. 우리 사회의 구조적 문제, 즉 교육과 기회의 불평등이 만들어낸 결과지. 동반자 관계는 같은 수준의 지식이 필요한 것이 아니라, 서로의 관심사와 고민을 이해하고 공감할 수 있는 능력이 그 바탕이 되네. 상대의 열정을 이해하고, 그 성장을 지지하며, 함께 발전해 나가는 것. 이것이야말로 진정한 지적 결혼의 본질이 아니겠나.

결혼하면 성장이 멈출까 봐 두려운 당신에게

결혼은 누구에게나 미지의 영역이라네. 우리는 각자 자신의 결혼 생활만을 알 뿐이며, 이마저도 결혼이라는 거대한 숲에서 한 그루의 나무를 보는 것과 같아. 한 사람이 많아야 두세 번의 결혼을 경험할 수 있지만, 각각의 경험조차 불완전하기에 결혼의 본질을 온전히 이해하기는 어렵지.

이는 결혼이 단순한 사회적 계약 이상의 것이기 때문일세. 그것은 마치 두 그루의 나무가 서로 가까이 심겨 하나로 자라나듯, 오랜 시간에 걸쳐 함께 성장하고 얽혀 가는 과정이라네.

바로 이런 이유로 타인의 결혼을 평가하는 일은 거의 언제나 실패하기 마련이네. 아무리 가까운 사이라도 그 사람의 진정한 필요와 취향을 알지 못하기에, 그가 선택한 배우자를 보고 놀라게 되는 경우가 많지 않은가. 경험 많은 노인들조차 젊은 부부를 판단할 때 정확히 맞히는 경우가 드물다네.

특히 자네처럼 문화와 지적 성장을 중시하는 이에게 결혼이 지적 생활에 미치는 영향은 깊이 고민해볼 문제일세. 지적인 삶을 추구하는 이에게 결혼의 선택은 크게 두 갈래로 나뉘네. 하나는 자네의 지적 활동을 방해하지 않고 가정을 돌보며 지지해줄 순박한 여성을 맞이하는 것이고, 다른 하나는 자네의 지적 여정을 깊이 이해하고 함께할 수 있는 교육받은 여성을 선택하는 것이지.

첫 번째 선택에서는 그 단순함이 때로 지적 대화의 부재로 이어질 수 있네. 두 번째 선택에서는 상대가 자네와 대등한 수준의 지적 깊이를 지니는지가 중요하네. 프랑스 화가 장 오귀스트 앵그르의 첫 번째 부인 마들렌 샤펠이 첫 번째 유형의 좋은 예시라네. 그녀는 남편의 예술적 평화를 위해 모든 가사를 도맡았고, 그의 창작을 방해하지 않는 조용한 동반자였지.

문학적 소양이 있는 사람에게는 최소한의 지적 대화라도 나눌 수 있는 동반자가 필요하지. 하지만 이런 이상적인 관계를 맺기가 쉽지 않아. 처음부터 교육 수준의 차이가 두 사람을 갈라놓거든. 이를 극복하려면 새롭게 배우고 성장하려는 용기가 필요한데, 그런 결단을 내리기도 쉽지 않지. 결국 많은 부부가 지적 교류 없이 정서적 유대와 실용적 동반자 관계에 머무르고 마네. 고귀한 항해를 포기하고 '그저 내버려두는' 안락한 정박을 선택하고 마는 것이지. 이보다 더 큰 영혼의 낭비가 또 있을까.

결혼의 굴레에 갇힌 지적 생활자에게

결혼이 가져올 수 있는 위험 중 하나는 자네가 추구하던 삶의 방향이 바뀔 수 있다는 점이네. 결혼은 마치 기차의 방향을 바꾸는 신호원처럼, 자네가 계획했던 지적 경로에서 벗어나게 만들 수 있지. 이것이 반드시 불행한 일은 아니지만, 결혼이 가져올 변화는 늘 신중히 고려해야 할 요소라네.

가장 흔한 변화는 재정적 요구로 인해 더 실용적인 업무에 매달려야 하는 경우일세. 이러한 상황은 자네가 본래 추구하던 지적 성장이나 학문적 탐구를 소홀히 하게 만들 수 있지. 특히 영국처럼 생활비가 많이 들고 가족의 물질적 안락함을 중시하는 문화에서는 이런 위험이 더욱 크네. 많은 이들이 가족의 경제적 안정을 위해 본래의 학문적 열망을 접고 수입이 더 나은 직업에 몰두하게 되지.

파리행 기차에서 만난 한 영국 상인의 이야기를 들려주겠네. 그는 프랑스를 자주 방문하는데도 프랑스어를 전혀 하지 못했어. 내가 "왜 배우지 않으십니까?"라고 묻자, 그는 이렇게 답했지.

"하루 종일 일하고 나면 너무 지쳐서 공부할 여유가 없습니다. 쉬는 날엔 오히려 휴식이 필요하고, 프랑스어 문법 같은 건 공부할 의욕조차 나지 않습니다. 하지만 제가 프랑스어를 알았다면 얼마나 편했을지 자주 생각합니다."

그는 결혼한 상태였고, 가족을 위해 일에 전념하느라 학문적 성취를 위한 여유를 찾지 못했네.

한 런던 변호사의 예를 들어보겠네. 그는 하루 종일 사무실에서 일하고, 밤늦게까지 집에서도 업무를 보았지. 여가 시간에는 가벼운 독서만 했으며, 법률과 입법에 관한 신문 기사를 읽는 것은 업무의 연장이었어. 그의 삶에는 진정한 학문을 위한 자리가 없었으니, 이는 지적 성장을 포기한 전형적인 경우라 하겠네.

결혼으로 재정적 부담이 커지면, 자네가 꿈꾸던 학문의 길에서 멀어질 위험이 크지. 게다가 결혼은 경제적 이유뿐 아니라, 사회적 역할과 가정생활로 인해 삶의 우선순위 자체를 바꾸게 만들 수 있네.

「콘힐 매거진(Corn hill Magazine)」의 '사치'라는 글은 현대의 가족 중심적 행복 추구가 어떻게 더 높은 도덕적·지적 삶을 위협하는지 논하고 있네. 저자는 "가족의 행복이 모든 것을 지배하는 상태는 인간 활동의 다른 측면을 희생시키며, 많은 이들이 자신의 더 큰 잠재력을 발휘하지 못하게 한다"고 말했지.

매우 신중하게 선택했다고 여긴 결혼조차도 뜻밖의

방식으로 자네의 지적 활동을 저해할 수 있다네. 부유한 결혼을 한 경우에도 마찬가지지. 예컨대 자네가 경제적으로 자유롭고 학문에만 전념하던 사람이었다면, 부유한 아내와의 결혼은 새로운 의무와 책임으로 자네의 지적 생활을 방해할 수 있네.

프랑스 문학가 조르주 상드의 『발베드르』는 이런 상황을 섬세하게 그린 작품이라네. 과학자 발베드르는 연구에 헌신하고 싶어 하지만, 아내 알리다는 남편의 관심이 온전히 자신에게 향하기를 바라지. 그녀는 "진정한 사랑이란 서로에게 모든 것을 바치는 것"이라 주장하며, 연구에 쏟는 남편의 열정만큼 자신을 향한 사랑이 부족하다고 여겼네.

결혼은 자네의 삶에 많은 변화를 불러올 것일세. 자네가 지적 목표를 가지고 있다면, 결혼이 그것에 미칠 영향을 신중히 고려하고, 배우자와의 관계를 통해 이러한 목표를 지원받을 수 있는 방법을 찾아야 할 걸세.

결혼 후 나만의 시간이 사라져버린 당신에게

자네처럼 뛰어난 학자에게 혼자만의 생활이 주는 고립 감은 큰 도전이 될 수 있다네. 자네의 상황을 보니, 결혼 이 삶에 새로운 활력을 불어넣을 수 있을 것 같아. 특히 자네처럼 일반적인 사회생활에서 벗어나 지내고 있다면, 함께 지적인 대화를 나눌 수 있는 동반자의 존재가 삶을 더욱 풍요롭게 만들 수 있을 걸세.

하지만 자네의 독립적인 생활 방식은 결혼에서 몇 가지 독특한 위험을 수반할 수 있네. 누구나 자신만의 삶의 방식이 있지만, 여성들은 대개 전통과 사회적 관습에 더 충실한 경향이 있지. 이는 자네가 지금까지 유지해온 삶의 방식과 충돌할 가능성이 크네.

혼자만의 시간을 통해 학문적 연구에 깊이 몰두하고 싶다면, 결혼 생활로 인해 많은 어려움이 생길 수 있다네. 결혼을 하면 자네만의 고요한 시간을 가지기가 쉽지 않고, 새로운 가족들과의 관계나 해야 할 일들이 자네의 시간을 많이 빼앗게 되지. 예를 들어 친척 모임에 참석하거나 가족 행사에 함께해야 하는 일들이 생기는데, 이는 자네가 좋아하는 조용히 연구하는 환경과는 맞지 않을 수 있다네.

드 세낭쿠르의 사례를 떠올려보게나. 그는 학문적 은둔을 꿈꾸며 결혼의 '부드러운 친밀감'을 기대했지만, 결혼 후에는 뜻하지 않게 지방 소도시의 평범한 일상에 갇히고 말았지. 이런 변화는 그에게 큰 스트레스가 되었고, 학문 연구에도 방해가 되었다네.

결혼이 자네의 학문적 고립감을 덜어줄 수도 있지만, 반대로 더욱 깊어지게 만들 수도 있다네. 고립감 때문에 결혼을 생각한다면, 반드시 자네의 연구와 학문에 대한 열정을 이해하고 응원해줄 수 있는 사람을 만나야 하네. 그렇지 못한 상대와의 결혼은 오히려 자네의 외로움을 더 키우고, 학문의 길을 더욱 힘들게 만들 뿐이지.

내가 보기에, 결혼 생활에서 배우자가 자네의 학문적 열정을 이해하고 지지한다면, 그 결혼은 자네에게 큰 위로가 되고 지적으로도 성장할 수 있는 기회가 될 수 있을 거야. 이런 결혼에서는 배우자가 오히려 자네의 학문을 지켜주는 든든한 버팀목이 되어주지. 반대로 배우자가 자네의 생활 방식을 바꾸려 든다면, 이는 결혼 생활의 끊임없는 갈등이 될 수 있네.

결국 자네가 결혼을 통해 무엇을 얻고 싶은지 분명히 해야 하네. 결혼이 자네의 학문에 대한 열정과 삶의 방식을 지켜나가는 데 어떤 영향을 미칠지 깊이 생각해보게. 결혼은 때로는 새로운 가능성과 함께 공부할 수 있는 동반자를 얻는 기회가 되지만, 잘못된 선택은 오히려 자네의 학문적 꿈과 삶의 균형을 무너뜨릴 수 있다네.

부모님과 대화가 안 통해 속상한 당신에게

자네의 이야기를 들으며, 지적 성장과 함께 찾아오는 가족 내 갈등의 모습을 다시금 실감하게 되었네. 자네와 같은 젊은 지성인들이 부모 세대와 대화할 때, 지식과 경험의 차이에서 비롯된 오해로 불필요한 갈등을 겪곤 하지.

어머님께서 대화 중에 특정 주제를 강하게 주장하실 때, 자네는 틀린 정보를 바로잡고 싶은 충동을 느끼네. 그러나 문제는 자네의 논쟁이 어머님께 단순한 정보 교정으로 받아들여지지 않을 수 있다는 점이야. 어머님께서는 자네의 반박을 자신의 권위나 경험이 도전받는 것으로 느끼실 수도 있지.

자네와 어머님의 대화를 떠올려보세나. 어머님께서 자네 친구가 "아르헨티나로 이민을 갔다"고 하셨을 때, 아르헨티나가 남부 연합에 속한다고 굳게 믿으셨지. 자네는 지도를 펼쳐 보이며 아르헨티나가 남아메리카에 있다고 설명하려 했네. 하지만 결국, 자네가 사실을 알려드리려 했던 그 노력이 어머님의 감정을 상하게 하고, 대화는 갈등으로 이어졌지 않은가.

이런 경우에 가장 현명한 방법은 긴 논쟁을 피하는 것이라네. 자네가 사실을 짧게 말씀드린 뒤, 더 이상 설명하거나 반박하지 않고 대화를 마무리하는 것이 좋지. 이렇게 하면 어머님에 대한 자네의 사랑과 공경심을 지키면서도, 자네의 생각도 조용히 전할 수 있다네.

또 다른 방법으로는, 어머님의 의견을 조용히 받아들이며 논쟁을 완전히 피하는 것도 생각해볼 수 있다네. 내 친구 중 한 사람은 어머니와의 갈등을 피하고자 항상 "네, 어머니 말씀이 맞습니다"라고 대답했다네. 그는 이렇게 말했지. "논쟁은 어머니를 화나게 할 뿐이고, 아무것도 해결하지 못합니다. 하지만 어머니 말씀에 동의하며 대화를 이어가니 가정이 평화로졌습니다." 물론 이런 방법은 진실을 잠시 덮어두는 선택이 될 수 있네. 하지만 때로는 가정의 화목을 위해 필요한 지혜일 수도 있지.

자네가 겪는 이런 상황은 자네만의 문제가 아니라, 부모와 자식 세대 사이에서 흔히 일어나는 대화의 어려움을 잘 보여주고 있다네. 가장 중요한 것은 어머님을 공경하는 마음을 지키면서도, 자네가 아는 진실을 조용히 간직하는 균형을 찾는 일이지. 이렇게 하면 자네는 가정의 평화도 지키고, 자네의 학문적 신념도 잃지 않을 수 있을 걸세.

지적인 결혼이 실현 가능한지 묻는 사람에게

지적 교감이 있는 결혼의 모습이란 얼마나 아름다운가! 수십 년이 흘러도 서로의 생각을 나누는 일을 즐기며, 모든 의미 있는 주제에 관해 끊임없이 대화하고 새로운 깨달음을 함께 발견하는 것 말일세. 이것이야말로 지적 동반자의 진정한 가치지.

하지만 여기에 도사린 위험을 간과해서는 안 되네. 우리는 종종 오랜 친구와의 대화보다 처음 만난 영리한 사람과의 대화가 더 신선하게 느껴지지 않는가? 익숙함은 때로 대화의 매력을 흐리게 만들 수 있어.

문제는 서로의 지적 능력이 부족해서가 아니라, 상대방의 생각을 이미 잘 안다고 여기는 데서 시작된다네. "이 주제에 대해 그 사람은 분명 이런 말을 할 것"이라고 예단하는 순간, 더 이상의 대화가 무의미해지지. 하지만 이는 마치 증기 기관차와 같아서, 위험을 아는 것이 예방의 시작이라네.

작가를 보게나. 모르는 독자를 위해 끊임없이 새로운 이야기를 만들어내지 않는가? 그렇다면 삶의 가장 가까운 독자인 배우자를 위해서는 얼마나 더 큰 노력을 기울여야 하겠나. 전 세계의 독자가 당신의 생각에 무반응으로 일관할 때도, 배우자는 늘 곁에서 당신 삶의 주인공이 되어주지 않는가.

내가 본 몇몇 사례를 들려주고 싶네. 학문을 사랑하는 남편에게 소외되지 않으려 그리스어를 마스터한 한 여인의 이야기, 또 앨버트 호수의 발견자인 베이커 경의 부인♣처럼 남편과 험난한 여정과 지루한 아랍어 공부를 함께한 이야기, 그리고 지질학자 버클랜드의 부인♣♣이 섬세한 화석 복원의 예술로 남편을 도운 이야기까지 말일세.

♣
플로렌스 베이커(1841~1916)는 탐험가 사무엘 베이커의 아내로, 남편과 함께 나일강 상류 탐사에 참여했다.

♣♣
메리 버클랜드(1797~1857)는 지질학자 윌리엄 버클랜드의 아내이자 뛰어난 화석 삽화가, 고생물학자였다. 남편의 연구를 돕는 것을 넘어 독자적인 연구 성과를 냈으며, 특히 화석 복원과 기록에서 탁월한 능력을 보였다.

참으로 흥미로운 점은 이런 갱신의 노력이 여성들에게서 더 자주 보인다는 사실이라네. 그들의 적은 이기심과 놀라운 적응력 덕분이겠지. 아름다운 결혼이란 서로를 위해 노력하는 것이 아니겠나. 50년 전만 해도 비합리적인 편견이 얼마나 많았던가! 다행히도 우리는 이제 합리적이고 균형 잡힌 시각으로 돌아가고 있다네.

프린스 컨소트♣♣♣의 영향력을 언급하지 않을 수 없군. 교양에 대한 그의 개방적인 관점은 우리 시대의 새로운 이상이 되었지. 아내인 여왕과의 관계에서도 그는 모범적이었는데, 부부가 서로 삶과 작업, 여가를 깊이 나누는 모습을 보여주었네.

결국 지적 결혼의 성공은 서로를 너무 잘 안다고 여기기 시작하는 순간, 오히려 얼마나 모르는 것이 많은지를 깨닫는 겸손에서 비롯된다네. 창조적 긴장을 잃지 않으려는 끊임없는 노력이 진정한 지적 동반자가 되는 길이 아니겠나?

이제 우리는 더 나은 시대로 나아가고 있다네. 남녀가 함께 이해하고 탐구할 수 있는 주제가 점점 늘어나고 있으니, 지적인 결혼의 이상이 결코 꿈만은 아닐 걸세.

♣♣♣

프린스 컨소트는 영국 빅토리아 여왕의 남편 앨버트 공(1819~1861)이다. 그는 예술과 과학을 적극적으로 후원했으며, 1851년 런던 만국박람회를 기획하는 등 영국의 문화 발전에 큰 기여를 했다. 빅토리아 여왕과의 관계는 당시로서 매우 독특했다. 둘은 일기를 공유했고, 정치적 사안을 함께 논의했으며, 예술과 음악을 같이 즐겼다. 특히 앨버트는 여성 교육의 중요성을 강조했고, 여왕의 통치를 적극적으로 지원하면서도 자신의 역할에 충실했다. 이들의 관계는 빅토리아 시대의 이상적인 부부상으로 여겨졌으며, '지적 동반자'로서의 부부 관계의 모델이 되었다.

지루함을 견디는 못하는 사람에게

자네가 사교계에 대해 내놓은 비판에는 전적으로 동의하네. 그곳이 가벼운 흥미에만 몰두하고, 진지한 주제를 제대로 다루지 못하며, 불명확한 개념들을 쉽게 받아들인다는 지적은 정확하지. 귀중한 시간을 사교에 빼앗기지 않으려는 자네의 결단도 이해가 되네. 하지만 사교 모임에 아예 발을 들이지 않는 것은 잘못된 선택이라 생각하네.

겉으로는 시시해 보이는 사교계에도, 자세히 들여다보면 우리에게 커다란 지적 도움을 줄 수 있는 인물이 반드시 있을 테니 말일세. 자네는 활자에만 의존한 채, '산 사람과의 대화'라는 보물을 놓치고 있네. 아무리 풍부한 문헌이라 해도, 살아 숨 쉬는 사람들과의 대화를 완전히 대신할 수는 없어.

내가 오래전에 우연히 한 무리의 영국인들과 어울린 적이 있었네. 처음에는 그들의 대화가 한없이 공허하게 느껴졌지. '이 30명의 신사는 아무 가치 없는 잡담만 늘어놓는구나' 하고 생각했네. 하지만 시간이 지나 깨달은 건, 실은 나의 태도 역시 그들만큼이나 공허했다는 사실이었어. 나중에 보니, 그들 중 몇몇은 특정 분야에서 깊은 교양을 지녔고, 어떤 이들은 세계를 누비며 견문을 넓혔으며, 또 다른 이들은 깊이 있는 독서가였네. 다만 큰 모임에서는 영국의 특유한 예법 때문에 의미 있는 대화가 어려웠을 뿐, 개인적으로 만났다면 충분히 가치 있는 대화가 가능했을 것이네.

자네가 사교를 완전히 피한다면, 이런 귀중한 기회를 모두 놓치게 될 것이네. 가장 지혜로운 태도는 자네의 학문에 무리가 가지 않는 선에서 적절히 사교 모임에 참석하는 것이지. 여러 사람이 모인 자리에서의 대화가 대개 깊이가 없다는 점은 인정해야 하네. 여러 사람이 모인 '전체 대화'는 그저 '중립적인 매개체' 정도라 보면 되네. 마치 요트들이 바다 위를 떠다니듯, 서로 다른 사람들이 부딪치지 않고 어울릴 수 있게 해주는 정도의 역할을 한다고나 할까.

사교가 주로 오락 이야기에 머무는 것은 이유가 있다네. 여럿이 한데 모여 머리를 식히고 싶어 하고, 거기 모인 이들이 공통으로 누릴 만한 화제가 '놀이' 정도밖에 없기 때문이지. 종교나 정치 같은 무거운 주제는 의견 충돌의 위험이 커서 사교의 장에서는 잘 꺼내지 않지. 그러니 "그 모임은 어찌 그리 재미없고 우둔한가?" 하고 성급히 단정 짓기보다는, 많은 사람이 모인 자리에서는 자연스레 가벼운 대화가 오가기 마련이라는 점을 받아들여야 하네. 이런 사교의 장이 서로를 만날 기회를 제공하고, 그 속에서 나와 맞는 사람을 차근차근 찾아낼 수 있게 해준다네.

더 중요한 것은 사회적 책임일세. 자네처럼 '더 많이 배우고 더 깊이 생각하는 이'는 혼자만의 연구실에 갇혀 있을 것이 아니라, 세상 속에 나가 어느 정도는 '소금 역할'을 해주어야 하네. 사회가 예전보다 덜 편협하고 덜 탐욕스러워진 것은, 그동안 뛰어난 정신을 가진 사람들이 이 사회 속으로 들어가 조금씩 좋은 영향을 끼쳐왔기 때문이라네.

어떤 한가로운 소도시에서, 좋은 견해를 지닌 인물이 "난 그들과 어울리기 싫어"라며 피해 버리면, 그곳 사람들은 낡은 생각만 되풀이하며 아무런 깨달음 없이 살아가게 되네. 하지만 그가 마음을 열어 그들과 대화를 나누고, 그들이 미처 보지 못한 새로운 시각을 조금씩 나눈다면, 차츰 그들의 생각도 넓어지는 법이지.

내키지 않더라도 종종 사교 모임에 참여하여 그들을 깨워주게. 누군가는 그들의 집이나 식탁에서 새로운 의견을 나누어야 하지 않겠나.

"한 사람의 등불이 수백 개의 불을 밝혀도,
그 빛은 줄어들지 않는다."

지적 성장과 인간관계는 종종 서로 충돌한다. 깊이 있는 지적 성장을 추구하다 보면 관계가 소원해지기 쉽고, 반대로 원만한 관계를 유지하려다 보면 지적 갈증을 억눌러야 할 때도 있다. 마치 저울의 양팔처럼, 한쪽을 채우면 다른 한쪽이 기울어지는 듯하다. 하지만 진정한 지식은 관계 속에서 더 깊어지고, 좋은 관계는 서로의 지적 성장을 돕는 토양이 된다.

시골의 작은 중학교에서 20년째 국어를 가르치는 한 교사의 이야기가 이를 잘 보여준다. 화려한 성과나 수상 경력은 없지만, 그는 매년 '나의 첫 시집 출간하기'라는 독특한 프로젝트를 이어가고 있다. 한 학기 동안 아이들은 시를 쓰고, 서로의 작품을 읽으며 의견을 나눈다.

"처음에는 반항적이던 아이도 자신의 이야기를 시로 쓰기 시작하면서 조금씩 변화하더군요. 어떤 아이는 5년 뒤 고등학생이 되어 찾아와 그때 쓴 시들이 얼마나 소중했는지 이야기하기도 했어요."

우리는 흔히 '영향력 있는 사람'이라고 하면 팔로워가 수없이 많은 인플루언서나 베스트셀러 작가를 떠올린다. 하지만 실제로 한 사회를 떠받치는 것은 자기 자리에서 묵묵히 영향력을 행사하는 '침묵하는 다수'다. 매일 아침 도서관에서 책을 읽어주는 사서, 독서 모임에서 이웃과 감동을 나누는 주부, 후배들에게 조용히 조언을 건네는 선배처럼, 진정한 영향력은 가장 소박한 관계 속에서 피어난다.

조용한 영향력은 예술의 세계에도 중요한 통찰을 전한다. 파블로 피카소의 사례는 지식과 관계의 균형이 얼마나 섬세한 문제인지를 보여준다. 그의 첫 아내 올가 코클로바는 발레리나 경력을 접고 완벽한 아내이자 어머니가 되기로 했었지만, 시간이 흐르며 두 사람의 관계는 균열을 보였다. 올가는 피카소의 혁신적인 예술 세계를 이해하지 못했고, 그녀의 부르주아적 생활 방식은 그의 창작을 방해했다.

반면 1930년대에 피카소가 만난 초현실주의 사진작가 도라 마르는 달랐다. 그녀는 피카소의 예술 세계를 깊이 이해하며 대표작 「게르니카」 제작 과정을 기록하는 등 영감을 주는 동반자가 되었다. 하지만 이 관계도 완벽하진 않았다. 도라의 날카로운 예술적 안목은 피카소와 깊은 교감을 가능하게 했지만, 때로는 심각한 충돌의 원인이 되었다.

결국 지식과 관계는 대립이 아닌 상생의 관계다. 피카소의 사례는 선택의 어려움을 보여주지만, 동시에 조화로운 관계가 얼마나 깊은 영감을 줄 수 있는지도 보여준다. 마찬가지로 국어 교사의 조용한 영향력은 소박한 관계 속에서 얼마나 큰 변화를 만들어낼 수 있는지 증명한다. 그것은 단순한 개인적 선택의 문제를 넘어, 서로를 깊이 이해하고 배려하며 함께 성장하는 여정이다.

이 섬세한 균형 속에서 우리는 더 깊은 지혜와 더 풍요로운 관계를 동시에 발견한다. 당신의 지식과 경험은 주변 사람들에게 어떤 영향을 미치고 있을까? 그리고 당신이 맺은 관계는 서로의 성장에 어떤 방식으로 기여할까?

관계와 영향력에 대한 성찰

☞ 지적 성장 과정에서 마주하는 불편한 감정을 어떻게 다루는가?

☞ 나의 지식과 경험은 주변 사람에게 어떤 의미가 있는가?

☞ 작은 영향력에 대한 회의감이 들 때, 나를 지탱하는 가치는 무엇인가?

☞ 나의 관계는 서로의 성장에 어떤 방식으로 기여하는가?

제6부 ——————————— 지적 생활의
도덕적 기초에 대하여

도덕적 근성이 필요한 사람에게

얼마 전 자네는 편지로 흥미로운 점을 하나 지적해왔더 군. 자네는 지적 생활에 대한 갈망이 결국 또 다른 형태 의 쾌락 추구에 불과하다고 했지. 술이 주는 쾌락보다는 고차원적이지만, 그 본질은 다르지 않다는 지적이었네. 자네 견해로는, 문학과 예술을 통한 정신적 도취가 술에 취하는 것과 본질적으로 다르지 않으며, 특히 시를 읽는 행위가 그러하다고 했지. 교묘하게 배열된 낱말들이 일 으키는 황홀감도 결국 육체적 쾌락이나 취기가 주는 쾌 감을 대신하는 것에 지나지 않는다는 논리였어.

더 나아가 자네는 수사학, 즉 웅변이 만들어내는 열 광적 흥분도 증류주에서 오는 기분과 다르지 않다고 했네. 브라이트나 감베타, 심지어 근 엄하기로 유명한 더비 경마저 도 따지고 보면 선술집 주인 과 다를 바 없다는 거였지.♣ 그들 모두가 결국 같은 종류 의 흥분제를 다루는 '장사꾼'

♣
19세기 유럽에서 이름을 떨친 영국의 존 브라이트, 프랑스의 레옹 감베타, 그리고 영국의 더 비 백작은 모두 뛰어난 웅변술 로 명성이 높았다. 이들은 각각 자유당, 공화주의, 보수당을 대 표하면서 서로 다른 정치적 노 선을 걸었지만, 한 가지 공통점 이 있었다. 바로 열정적이고 설 득력 있는 연설로 대중을 열광 시키고, 강력한 정치적 지지를 얻어냈다는 점이다.

이라는 말이었어. 매일 책에 파묻혀 사는 지식인은 스스로 생겨난 식욕을 억누르지 못한, 몰입의 쾌감에 중독된 사람들이라 했지.

이는 합리적 사고를 지닌 사람이라면 경계해야 할 상태라서, 만약 자신에게 그러한 조짐이 보인다면 평범한 일상에 더욱 집중하거나, 아예 '지적 사고'를 멈추는 엄격한 자기 단련으로 대처해야 한다는 주장이었네.

문학과 과학, 예술—내가 말하는 지적 추구의 세 가지 축—은 강렬한 흥분을 불러일으키지. 실제로 사람들은 그 흥분에 이끌려 그 길로 들어서네. 하지만 그 길이 자네 생각처럼 세속의 삶과 동떨어진 것은 아니라고 보네. 시나 그림에서 느끼는 도취와 황홀감이 크긴 하지만, 다른 분야에서도 그와 비슷한 기쁨을 맛볼 수 있어. 내가 아는 어느 상인은 수익 계산서의 잉여금을 보고 그런 '도취'를 느꼈고, 한 젊은 기계공학도는 기차 한 대만 보아도 샴페인을 마신 듯 들떴지.

인간을 불타오르게 하고, 일상의 활력을 넘어서는 힘을 주는 것은 무엇이든 '포도주의 작용'과 비슷하다고 할 수 있네. 실제로 죽음에 대한 두려움마저 넘어서게 하는 가장 강력한 정신적 흥분제를 꼽자면, 단연 종교와 애국심일세. 신앙심이나 애국심이 깊은 이는 자신의 한계를 뛰어넘어, 평소 불가능하다고 여겼던 일조차 해내는 법이지.

지적 생활에 몸담은 이들에게도 똑같은 이치가 적

용되네. 그들이 몰두하는 과업은 무척 힘겹고, 그에 비해 보상도 약한 편이지. 명예나 재물을 보장받는 길이 아니다 보니 어떤 역경에도 굴하지 않고 매진하려면 열정과 격려가 필요했을 게야.

그래서인지 창조주께서는 그 고된 노동에 대한 보상으로, 그들만이 맛볼 수 있는 강렬한 희열을 부여하셨네. 포도주가 주는 도취보다 더 큰 '성스러운 취기'를 허락하신 셈이지. 이런 고상한 도취는 지적 노동자들에게 꼭 필요한 것이 사실이네. 하지만 지적 노동의 이면에는 '고된 일'이 숨어있고, 여기에는 절대 만만치 않은 인내와 강단이 필요하다네.

엑서터 주교가 얼마 전 한 학생 단체에 "무언가에 지치거나 권태를 느끼지 않는다면, 그 일은 아마 충분히 깊이 몰입하는 작업이 아닐 것"이라 말했네. 이어서 "결실을 보는 모든 일에는 10분의 9가 단조로운 반복의 노동이다. 진정한 성과를 내고 싶다면 이 따분한 과업을 마다하지 않는 용기를 지녀야 하며, 그래야만 성공이 따른다"고 했지.

자네는 변호사나 회계사 일에 많은 '잡일'이 따른다는 건 짐작하겠지만, 예술가나 작가, 학자의 일에는 그런 고충이 없으리라 여기는 듯하네. 언뜻 보면, 예술이나 학문을 하는 이들은 자네 말대로 "담배 연기를 들이마시거나, 저녁 식사 뒤 와인 샤토 라피트를 홀짝이는" 것처럼 그저 쾌적한 기분만 누릴 것 같지만, 그 이면에는 진지한

땀과 인내가 서려 있다네.

시는 인간이 할 수 있는 일 중 가장 황홀한 면이 있음에도, 거기에 들이는 노력은 놀라울 정도로 크지. 워즈워스는 실제로 시를 쓰는 순간을 무척 힘겨워했고, 우체국 업무나 세속적 직무보다도 더 지치고 귀찮아했다네. 문인 중에는 펜을 잡는 것 자체를 꺼리는 사람이 적지 않듯이, 워즈워스도 시를 쓸 때 심리적 고통을 겪었지. 그의 작품을 보면 그런 '성실함의 무게'가 종종 그대로 드러나는데, 이는 시 짓기가 결코 가벼운 일이 아니라는 뜻일세.

무어♣의 경우도 마찬가지였네. 『아일리시 멜로디』나 『랄라 루크』는 부드러운 서정미와 우아한 운율로 유명하지만, 그 작품들을 쓰는 과정은 결코 순탄치 않았어. 작품 구

♣ 토머스 무어 (1779~1852)는 아일랜드의 시인이자 소설가다. 그의 대표작 『랄라루크』는 동양풍 로맨스 서사시로, 사랑, 종교, 이상주의 등의 주제를 탐구하며 서구의 동양에 대한 상상력을 자극한 작품이다.

상을 처음 시작할 때의 황홀감과 달리, 실제 글로 옮기는 일은 큰 고통이었다고 무어는 솔직히 인정했네. 특히 『랄라 루크』를 집필할 때는 더 심각한 어려움을 겪었지. 오래전 출판사와 계약했으나 작업은 거의 진척되지 않았고, 소재가 불을 지피지 못하면 독자의 마음도 타오르지 않을 것 같다는 절망감에 빠지기도 했네.

포기하려던 그가 찾은 해결책은 '동양' 관련 자료를 부지런히 모으고 그 분위기를 철저히 익히는 것이었어.

이에 대해 무어는 한 단어의 영감을 얻기 위해 상상력이 필요할 때마다, 머릿속에서 관련된 이미지나 사실들이 빠르게 떠오를 수 있도록 애썼다며, "시에서도 '근면'이라는 지극히 산문적인 자질이 얼마나 중요한지 『랄라 루크』가 보여준다"고 회고했네.

음악을 포함한 다른 예술도 마찬가지야. 외부인의 눈에는 예술가가 곡이나 그림을 완성할 때 오직 관능적이고 심미적인 쾌락만 있는 듯 보이지만, 진정한 걸작을 만들어낸 이들은 모두 지루한 훈련과 혹독한 기초학습을 거쳐서야 그 경지에 올랐네.

존 루이스의 예를 보게. 그는 평소 '연습용 습작'마저도 놀라울 만큼 정교하고 색채감 넘치게 그려냈네. 그것들을 세상에 공개할 생각 없이 오직 자기 수양을 위해 몰두했지. 메소니에는 작은 그림 속에서도 놀라운 사실감을 표현하기 위해 실제 크기의 대규모 습작을 통해 지식을 쌓았어. 멀레디는 한 폭의 그림을 구상할 때마다 등장하는 모든 사물과 인물을 하나하나 따로 연습했다네. 색감과 묘사 방법도 세세하게 공들여 익혔지. 이처럼 훌륭한 작품을 남긴 예술가들은 한결같이 '꾸준하고 체계적인 노력'이 중요하다고 강조했어.

이처럼 순수한 자기 수양을 위한 공부나 작업에는 무수한 인내가 필요하고, 무의미해 보이는 시간과 노력이 언젠가 열매를 맺으리라는 믿음도 필수적이네. 더 지혜로워지고 싶다는 갈증이 깊어야 비로소 이런 힘겨운 훈련을 견딜 수 있지. 그리고 이러한 지적 갈망에는 언제나 겸손과 신뢰가 스며드네. 현재 자신의 능력이 부족하다는 겸손함과 올바른 공부와 훈련이 자신을 더 높은 궤도로 이끌어주리라는 확신 말일세.

역사를 돌아보면, 지적 위업을 이룬 이들 중에 도덕적 결기가 부족한 사람은 드물다네. 무지개처럼 순간적으로 빛나는 통찰에 매료되어, 그 빛이 사라져도 흔들리지 않고 꿋꿋이 나아간 이들이 결국 학문과 예술의 보고를 후대에 남기지 않았던가. 나는 지적 열정이 그들의 도덕성을 약화하기는커녕 오히려 단련하여 더 높은 경지로 올려놓았다고 믿네.

도덕적 근성은 어려움이나 유혹 앞에서도 바른 길을 지키려는 내면의 힘이야. 이는 올바른 가치관과 굳은 의지가 합쳐져서 우리가 마주하는 어려움을 이겨내도록 도와주는 정신적인 힘이기도 하지. 지적 쾌락에 탐닉하는 방탕이 분명 존재하지만, 그 이면에 깃든 힘겨운 노력과 언제든 꺾일 수 있는 의지를 간과한다면, 지적 삶의 진정한 면모를 놓치게 될 것일세.

고전문학을 단순히 겉치레로 읽는 사람에게

작가에게는 서로 다른 처지의 사람들과 편지를 통해 교감할 수 있는 묘한 특권이 있다네. 때로는 직접 만나서 말하기 어려운 이야기도 솔직하게 나눌 수 있지. 마침 자네가 보낸 편지와 함께, 또 다른 친구에게서 소식이 도착했는데, 자네와는 전혀 다른 삶을 사는 그의 이야기가 내게 깊은 인상을 남겼네.

자네의 삶은 온갖 햇살이 비추는 듯하네. 영국 최고의 귀족 가문에서 태어나 교육 수준 높은 부모 밑에서 지적 성장을 돕는 모든 조건을 누려왔지. 화려한 대저택과 걸작 예술품들, 교양 있는 동료들과의 교류, 건강과 여행의 자유까지. 그 많은 선택지 속에서 무엇을 선택할지 고민이 됐을 법도 해.

반면 내 다른 친구는 힘겨운 삶을 살았네. 여섯 살에 학교에 들어갔다가 열한 살에 퇴학당했고, 열네 살까지 광산에서 일하며 생계를 꾸려야 했지. 불운한 사고로 다리를 영영 쓰지 못하게 된 뒤에도, 그는 침대에 누운 채로 그림을 그리고 금속판에 그림을 새기는 동판화 작업을 배우며 자신을 교육시켰다네. 그의 편지에는 작고 정교한 펜 스케치들이 있었고, 문체는 품위 있고 우아했네.

그는 극심한 고통 속에서도 끊임없이 공부하고 창작했으며, 침대 위에서 모든 작업을 해냈네. 전신 불구나 다름없는 상황에서도 "인생은 달콤하다"며 일상의 작은 성취에 감사했지. 결국 그는 혹독한 겨울을 피하고자 침대에 누운 채로 에든버러행 기차에 올랐네. 낯선 이들의 도움으로 스콧 기념비와 아테네풍 건축물을 보았고, 마침내 의사들에게 영원한 안식을 선물받았지. 그가 내게 남긴 교훈은 단순한 생존의 이야기가 아닌, 작은 자유와 능력의 소중함을 일깨우는 것이었네.

자네와 그 친구의 편지에서 특히 눈에 띈 점은 '계급적 시선'이 전혀 보이지 않았다는 것일세. 귀족 가문과 광부의 아들 사이의 차이가 글에서는 전혀 느껴지지 않았어. 이는 지적 성장을 향한 열망이 계급을 초월할 수 있음을 보여주는 좋은 예라네. 귀족이든 평민이든, '계급'에만 묶여 있으면 사고와 통찰의 폭이 좁아질 수밖에 없지.

역사적으로도 계급적 편견은 학문적·문화적 성장을 방해했네. 티코 브라헤는 귀족 체면 때문에 천문학 연구를 망설였고, 로버트 번스♣는 학문을 신분 과시의 도구로 삼는 분위기에 반감을 품었지.

계급 본능이란 참으로 교

♣ 로버트 번스(1759~1796)는 스코틀랜드의 대표적 시인으로, 농부의 아들로 태어나 정규 교육을 받지 못했으나 뛰어난 시적 재능을 보였다. 그의 작품은 스코틀랜드 방언으로 쓰여졌으며 민중의 삶과 정서를 생생하게 담아냈다.

묘한 방식으로 자신을 지키는 법이네. 그리스어나 라틴어처럼, 실무와 무관하고 일반인이 접근하기 어려운 학문을 교양의 징표로 삼는 것 말일세. 알파벳조차 생소하고 일상에서 쓸모도 없으니, 보통 사람들은 자연스레 멀어지게 되네. 그러면 귀족들은 이 비밀스러운 지식으로 나와 너를 구분 짓고 안도하게 되는 것이지.

한때 이들은 대화 도중에 습관적으로 라틴어 문구를 툭툭 던졌는데, 이는 "네가 모르는 말을 나는 알고 있으니 경외하라"는 무언의 선언이기도 했네. 귀족이라는 신분 때문에 고전 문학을 찬양해야 한다고 여겨, 실제로는 관심도 없으면서 겉으로만 떠들어대지. 하지만 거론되는 고전 작가들의 작품을 정작 그들은 제대로 읽어보지도 않는다네. 그저 라틴어와 그리스어를 모르면 교양인이 아니라고 말하면서, 자신이 교양인이라고 내세울 뿐이지.

번스가 "그리스어니 뭐니 하는 건 쓸데없는 허세일 뿐"이라며 비꼬았을 때, 그것은 결코 고전 공부 자체를 싫어해서가 아니었네. 그저 학문을 '신분 과시의 도구'로 삼는 당시 분위기에 질렸던 거지. 문학사를 살펴보면, 정규 교육을 충실히 받은 훌륭한 시인들이 많고, 그들의 학식이 재능을 더욱 빛나게 했음을 알 수 있네. 그러나 번스는 "그리스어 구절을 자랑하며 나를 얕보는 자들"을 못마땅히 여겼고, 그 감정이 저 유명한 풍자 시구에 그대로 드러난 거라네.

하지만 교양의 가장 중요한 조건은 '진심 어린 관심'이야. 누군가 귀족적 품위를 위해 고전이나 학문을 형식적으로 치장만 한다면, 그건 진짜 배움과는 거리가 멀지. 진정한 내면의 동기가 있어야 문화적 풍요를 누릴 수 있네.

다행히 지금 시대에는 그런 수법이 점점 효력을 잃어가고 있어. 이제는 서민 중에도 실력이 좋은 자들이 많아 라틴어나 그리스어를 습득하고, 더 나아가 과학과 기술까지 배우며 새로운 문명의 흐름을 좇고 있지 않은가. 그러니 더는 학문이 귀족 계급의 보루가 되기는 어려워졌네.

탐구자의 올바른 자세가 궁금한 사람에게

지적 성장의 열쇠를 찾기 위해 오랜 시간 고민해보았네. 흔히 근면과 인내, 용기를 진리의 문을 여는 열쇠라 생각하지. 틀린 말은 아니야. 하지만 내가 보기에는 여기에 결정적인 한 가지가 빠졌다네. 바로 '사심 없음', 즉 무사(無私)의 자세야.

주변을 살펴보게나. '사심'의 흔적이 얼마나 많은지. 역사가는 현재의 편견으로 과거를 바라보지. 자기 작품에 매몰된 예술가는 다른 이의 작품을 제대로 평가하지 못하고 말이야. 또 어떤 시대를 지나치게 좋아하거나 싫어하면 그 시대의 예술을 공정하게 보기 어려워지는 것은 자네도 경험해보지 않았나?

아무리 열심히 공부하고 성실하게 살아도, 무사의 자세를 갖추지 못했다면 진정한 지적 성장은 불가능하다네. 가장 정직한 사람조차 때로는 불편한 진실을 외면하거나 반대 의견을 곡해하기 쉬워.

그래서 나는 무사의 자세가 특별히 중요하다고 보네. 이것은 단순히 물질적 이익을 초월하는 데 그치지 않아. 자신의 신념과 편견마저도 비워내고, 진리를 있는 그대로 받아들일 수 있는 열린 마음, 바로 그것이 무사라네.

물론 무사의 자세를 저절로 갖출 수 있는 건 아니야. 끊임없는 자각과 훈련이 필요하다네. 하지만 내 오랜 경험에 비추어볼 때, 이 과정이야말로 진정한 배움의 길이라 확신하네. 자네도 한번 깊이 생각해보게나.

무슨 일이든 끝까지 해내는 힘을 갖고 싶은 사람에게

영국의 저명한 사상가이자 작가인 아서 헬프스♣는 『정부에 관한 단상(Thoughts upon Government)』이라는 책에 이런 글을 남겼네.

"세상에서 가장 훌륭하고 위대한 업적들 상당수가 젊은 시절 그리 온순하지 않았던 이들에 의해 이루어졌다."

이는 과학, 문학, 예술은 물론 공직, 외교, 일반 사업 분야에서도 마찬가지야.

어린 시절을 순탄치 않게 보냈거나 학교에서 문제아로 여겨졌던 이들 중에서 훗날 큰 성취를 이룬 사람이 많다는 사실은, 어떤 면에서 우리에게 적잖은 위안이 되기도 하지. 유명 작가 중 몇몇은 '멍청이 취급을 받다가 훗날 큰 성공을 거둔' 인물 목록까지 제시하며, 우리에게 희망을 안겨주기도 하네.

하지만 우리가 어린 시절부터 학교와 대학의 규율

♣ 아서 헬프스(1813~1875)는 런던 상인의 막내아들로 태어나 이튼과 케임브리지 트리니티 칼리지에서 교육을 받았다. 그는 영국 작가이자 빅토리아 시대를 대표하는 공공 도덕주의자이며, 그의 작품은 당대 사회 문제에 대한 다각적 접근과 온건한 태도로 유명하다. 또한, 추밀원(Privy Council)의 일원으로서 군주에게 중요한 자문을 제공하는 역할을 수행했다.

을 충실히 따르며 두각을 나타낸 끝에, 사회에서 더 큰 경쟁을 펼치기 전에 이미 좋은 성과와 명예를 얻었다는 사실도 무시할 수 없어.

　　교사들이 학생들에게 가하는 외부 규율은, 우리 모두에게 절실히 필요한 '내적 규율'을 대신하는 것이야. 어떤 소년이 학창 시절 공부를 잘했든 못했든, 훗날의 지적 경력은 결국 그가 지닌 '도덕적 힘'으로 자신을 다스리는 능력에서 비롯되지.

　　실제로, 소년 시절 학교에서 별다른 성과 없이 지냈어도, 결국 스스로 다른 형태의 규율을 부여하고 철저히 따름으로써 성인기에 큰 업적을 남긴 사례가 허다하거든. 나는 뛰어난 인물 중 '스스로 규율을 정해 따르지 않고도' 지적 분야에서 성공을 이룬 사람은 정말 들어본 적이 없네. 어떤 이는 사업 현장에서 단련되었고, 어떤 이는 영국 정치인 벤저민 프랭클린처럼 자신을 통제해나갔지. 아무튼 성공의 이면에는 반드시 내적 규율이 존재했어.

　　우리는 흔히 지적 생활의 즐거움이 특별하다고 말하지만, 그러한 '즐거움'이 규율을 대신할 수는 없네. 기쁨은 작업의 의욕을 높이는 동력이 되지만, 일 자체를 면제해주진 않는단 말이지. 보초 서는 병사에게 따뜻한 커피 한 잔은 도움이 되지만, 이는 현실을 잊고 몽상에 빠져들게 만드는 아편과는 전혀 다른 것이네.

　　자네가 보내준 새 책을 읽으며, 나는 이런 생각을 거

듭하게 되었네. 젊은 작가로서 자네의 글에는 기대할 만한 장점들이 많이 보이더군. 열정과 생기가 넘치고 표현이 풍부하지만, 동시에 규율이 다소 부족하다고 느껴졌어. 그러나 그 안에는 자네의 문학적 재능이 꽃피울 수 있는 가능성이 충분히 보였네.

돌이켜보면, 과거에는 열정은 넘치되 절제가 부족한 작품들이 많았지만, 우리 시대에는 완벽한 지적 규율을 보여주는 인물들이 여럿 있지 않은가. 그러니 자네가 그런 규율에서 뒤처진다면, 이는 쉽게 극복할 수 있는 약점에 스스로 머무는 꼴이 될 걸세. 천재의 빛나는 재능을 하루아침에 따라잡기는 어렵겠지만, 자신의 능력을 다스리고 발휘하는 태도는 의지만 있다면 충분히 배울 수 있네.

규율의 본질은 두 가지라네. 첫째는 현재 우리가 가진 능력으로 할 수 있는 최선을 다하는 것이고, 둘째는 거기서 멈추지 않고 더 큰 잠재력을 위해 필요한 훈련을 기꺼이 받아들이는 열정이지. 타고난 재능은 그저 시작점일 뿐이네. 그것은 완성된 능력이 아니라, 앞으로 성장할 수 있는 가능성이라네. 자신에게 필요한 훈련이 무엇인지 파악하고, 그것을 꾸준히 실천할 때 비로소 진정한 성장이 이루어지지.

그런데 작가들과 문인들은 놀랍게도 '규율'의 필요를 종종 소홀히 하곤 하네. 왜냐하면, 책을 쓰는 행위야 누구나 시도해볼 수 있지만, 그 책이 '진정한 문학' 수준에 이르는 건 전혀 다른 문제이기 때문이지. 문학적 작품과 범작의 차이를 가르는 '기술적 차이'는 실로 엄청나지만, 많은 작가가 이를 정확히 인지하지 못해. 그림의 경우, 정교한 마무리나 필력이 눈으로 금방 식별되나, 글은 '머릿속으로만' 분별해야 하기에 그만큼 예리한 안목이 필요하다네.

생트뵈브♣의 사례는 훌륭한 자가 규율을 어떻게 실천했는지 보여주지. 특히 '부정확함'에 대한 그의 거부감은 탁월했지. 생트뵈브는 무언가를 다루기 전에—이떤 인물이나 교리를 분석하기 전에—반드시 자신이 아는 것들

♣
샤를 외귀스탱 생트뵈브 (1804~1869)는 19세기 프랑스 문학 비평의 권위자로, 작가들의 생애와 작품을 심도 있게 분석하여 문학 비평의 새로운 기준을 제시했다. 그의 비평은 세밀한 인물 탐구와 시대적 배경에 대한 통찰로 높은 평가를 받으며, 문학 연구와 평론 분야에 지대한 영향을 미쳤다.

을 확실히 정리하고, 관련 자료를 충분히 수집하여 놓쳤거나 빈약한 부분이 없는지 점검했다네. 그리고 그 자료를 깔끔하게 배열·분류하고, 아이디어 간의 상호 관련성을 명확히 파악했다지. 이 과정 없이는 결코 글을 쓰지 않았고, 신문 기고조차 철저히 대비한 뒤 시작했다고 하네. 이를 위해서는 매번 며칠간 꼬박 준비 작업을 했고, 실제 집필을 개시하기 전에 이미 '마음의 손가락(비유적인 표현)'이 충분히 연습된 상태가 되도록 스스로를 조율했다는 말일세.

궁극적으로, 규율이란 '마음 안에 강력한 중앙 권위

를 확립해, 그 권위가 온갖 능력과 생각을 적재적소에 배치하고 활용하게 하는 일'이라 말할 수 있어. 이를 군사적 비유로 들자면, 전체 부대를 지휘하는 '전략가'가 있어야 전쟁을 효과적으로 치를 수 있는 것과 같지.

　머릿속에 이 '중앙 정부'가 뚜렷하게 존재하면, 결과물에 통일성과 적절한 비율이 드러날 것이고, 그 권위가 없다면 머릿속에 혼란과 무질서만 가득하겠지. 예컨대, 여자 작가 중에서도(물론 남성에게도 해당) 이런 '지적 혼돈'에 빠진 사례가 있는데, 규율이 없으면 사소한 일에 감정적으로 치우치거나, 반대로 중요한 부분에 에너지를 투여하지 못하는 등 불균형이 발생한다네.

　건전한 정신력을 지닌 사람이 이 '중앙 권위'를 확립하려면 '훈련'을 통하는 수밖에 없네. 로크가 말했듯이, 마음은 '일상에서 마주치는 다양한 사물에 늘 자유롭게 주의를 기울이고, 필요할 때 그것들을 깊이 생각할 준비'가 되어 있어야 한다네. 그런데도 같은 대상에만 집착해 바뀌지 못하는 '정신적 고착 상태'가 계속된다면, 아무리 그 사유가 날카로워 보여도 진보에는 도움이 안 되지. 이는 정확히 로크가 '맷돌 달린 말'에 비유했던 것이지.

　흔히 "창작에 필요한 영감이야말로 통제할 수 없는 것"이라고 생각하지만, 실제로는 훈련을 통해 어느 정도 통제하거나 예측할 수 있는 형태로 이끌어낼 수도 있다네. 시인 보들레르는 "영감과 매일의 노동은 자매다. 이 둘이 서로 반대되는 것 같아도, 자연계가 온갖 반대되는 요소를 품고 있듯이 영감 또한 일종의 '규칙적인 메커니즘'을 따라온다"고 말했지. 요컨대, "내일 쓰게 될 글을 미리 공들여 고민하고 준비하다 보면, 그 노동 과정이 영감을 받아들이고 촉진하게 된다"는 의미라네.

규율의 가장 놀라운 점 하나는 우리가 '지루하고 사소한 세부사항'과 '거의 두려울 만큼 큰 과업'을 정면으로 맞서게 한다는 것이네. 정신이 단련되면, 처음에는 흥미도 없던 지루한 문서도 끝까지 파고들어 완벽히 이해하는 힘이 생기지. 법률가들이 방대한 서류와 딱딱한 문서들을 읽고 정확히 이해하는 능력은 타고난 재능도 중요하지만, 결국은 '꾸준한 학습 습관'에서 나오는 것이라네. 아무리 천재적인 재능을 타고났더라도, 규율이 부족하면 긴 법조문 하나도 끝까지 읽어내지 못하는 법이지.

외과의사의 경우는 한 걸음 더 나아가, '정신적 거부감'을 넘어 '본능적인 신체적 거부반응'까지도 이겨내야 하네. 예를 들어, 알브레히트 폰 할러는 당대 최고의 해부학자로 명성을 떨쳤어. 하지만 처음에는 해부 장면을 보는 것조차 두려워했다고 하네. 그는 끊임없이 자신을 단련했고, 그 결과 해부학에서 중요한 업적을 남길 수 있었다네.

규율이라고 해서 우리 마음이 보내는 '선호'나 '거부감'을 모두 무시하라는 뜻은 아니네. 어떤 이들은 타고난 기질과는 맞지 않는 예술을 동경하다가 시간만 낭비하는 경우가 더러 있지 않은가. 반면에 젊었을 때는 전혀 관심이 없던 분야에 뛰어들어 성공하는 사례도 있네. 그래도 보통은 취향과 능력이 서로 연관되어 있으므로, "이 일이 나와 정말 맞는가?" 하고 깊이 생각해볼 필요가 있다네.

똑똑하면 착할 필요 없다고 생각하는 당신에게

지적 성과를 거둔 사람들 중에는 당시 사회가 요구하는 규범과는 어긋난 삶을 산 이들이 많았네. 실제로 난잡한 성생활을 즐긴 자들도 있었어. 철학자이자 시인인 조지 고든 바이런을 보게나. 의도적으로 부도덕했고, 수많은 불륜과 방탕한 생활을 일삼았지. 심지어 이복 여동생과의 관계설까지 있었다네.♣

♣ 바이런은 1816년 영국을 떠났는데 이복 여동생 오거스타 리와의 추문이 주요 이유 중 하나였다는 역사적 기록이 있다. 흥미롭게도 이 시기에 집필된《멘프레드》는 근친상간이라는 금기를 다루고 있다.

우리 지식인은 특유의 부도덕한 유혹에 빠지기 쉽네. 깊이 있는 대화를 나누다 보면 한 사람과의 대화는 어느 순간 물리기 마련이야. 그러다 더 매력적인 지성을 만나면 현재의 관계에서 벗어나고 싶어지지. 내가 아는 한 여류 작가의 이야기를 해주겠네. 그녀는 결혼과 이혼을 반복했는데, 새로운 동반자들은 모두 뛰어난 지적 능력을 지니고 있었어. 이는 오로지 그녀의 지적 호기심 때문이었지.

더 흥미로운 건 지나치게 세련된 지적 생활이 반작용을 낳는다는 점일세. 프랑스의 대문호 샤토브리앙♣♣

을 보게. 우아한 문체로 글을 썼지만, 실제 언행에서는 누구도 글로 옮길 수 없을 만한 음담패설을 하고는 했다더군. 영국 화가 윌리엄 터너도 마찬가지지. 빛나는 하늘과 신비로운 바다를 그렸으나, 실생활

❖❖
프랑수아-르네 샤토브리앙 (1768~1848)은 프랑스의 대문호이자 외교관으로, 『무덤 너머의 회상록』, 『르네』 등의 작품을 통해 프랑스 낭만주의 문학에 큰 영향을 미쳤다. 그는 역사와 자연에 대한 깊은 애정을 표현하며, 프랑스 문학의 중요한 인물로 평가받는다.

에서는 거친 선원들처럼 유흥을 즐겼다네.

한 친구가 현존하는 정교한 천재 중 한 명을 두고 내게 말을 하더군.

"당신은 그의 취향이 얼마나 거친지 상상할 수 없을 겁니다. 그는 자신과 전혀 어울리지 않을 것 같은 천박한 상대를 의도적으로 찾으며 희열을 느낍니다."

이건 학문의 가지가 너무 부푼 나머지 그 뿌리가 메마르는 병폐와 같네. 너무 지적으로 몰아붙인 나머지, 일시적으로라도 본능적 쾌락에 몰입해 정신을 해방시키고자 하는 반동이라 볼 수도 있지. 여기까지만 보면, 지적 추구가 도덕성을 좀먹는다고 말할 수도 있겠지만, 나는 그렇게 간단히 결론 내리고 싶지 않네. 지식이나 예술의 세계에 몰두하다 보면 수많은 '흥분과 즐거움'을 공급받기 때문에 굳이 다른 육체적 쾌락, 무절제한 성행위나 음주로 몰려갈 필요가 줄어든다는 점도 중요하거든. 게다가 사회 전체를 놓고 보자면, 가장 교양이 높은 계층이 대개 가장 성적으로도 자제력 있는 계층인 경우가 많다

는 통계적 사실도 있지 않은가.

가장 강조하고 싶은 건 절제일세. 단순한 도덕적 당위가 아닌, 지적 성취를 위한 필수 조건이라네. 무분별한 체험은 정신력의 가장 큰 적이야. 10년만 그렇게 살아도 의지의 절반은 사라진다네. 겉으로는 인생을 배우는 것 같지만, 실상은 내면의 힘을 갉아먹는 거지. 생각마다 쓴맛이 배고, 영혼의 탄력은 무뎌지며, 실행력은 허공에 흩어진다네.

오로지 본인의 지적 능력으로 승부해야 하는 사람일수록, 육체적 쾌락에 빠지지 않도록 조심해야 할 이유가 있다네. 과도한 음주와 성적 탐닉은 뇌와 정신의 맑고 예리한 기능을 해치기 마련이니까. 그리고 성공과 실패는 미세한 차이에서 갈리지.

마치 거센 바람이 부는 바다를 항해하는 배가 힘이 조금이라도 부족해 밀려나면 좌초되듯이, 학문 연구나 창작도 마지막에 '조금만 집중력이 부족해도' 모든 성과가 물거품이 될 수 있네.

지적 포부가 큰 이들은 이런 함정을 누구보다 잘 알기에 '최상의 컨디션과 정신력'을 유지하고자 스스로 철저한 절제를 선택하곤 하지. 결국 합리적인 지적 생활은 자제력과 건전한 윤리 의식을 키우는 데 도움이 된다는 것이 내 생각이라네.

타인이 강요하는 규율에 맞춰 살아가는 사람에게

'지적 생활'이 요구하는 규율은 그 양상이 독특하다네. 지적 생활은 매우 엄격한 절제를 필요로 하지만, 동시에 주변 사회가 바라는 틀이나 타인의 고정관념에 순응할 필요도 없네. 오히려 훌륭한 지식인일수록 자신이 깨달은 내면의 원칙을 지키려다 사회의 관습과 부딪히게 되는 경우가 많다네.

여러 해 동안 지속된 일과 습관에서 생긴 '익숙한 관성'은 때로 새로운 배움을 가로막기도 하네. 예를 들어, 그림 실력이 뛰어난 사람이라도 중년에 이르러 다른 직업에 안주하게 되면 망설이게 되지. "이제라도 화가가 될까?" 하고 마음먹다가도 스스로 '아니'라고 차갑게 결론내리는 거야. 이제 와서 새롭게 시작할 용기가 나지 않는다는 이유로 말이네.

이런 '정신적 거부감'은 우리의 잠재력이 펼쳐지는 것을 막을 때도 있지만, 또 한편으로는 '굳이 내가 새삼 힘들게 고생할 필요가 있을까?'라는 인간 본능의 안전장치 역할을 하기도 하네.

지적 생활의 가장 중요한 도덕적 토대는 바로 '규율'

이라네. 그러나 이는 단순히 남이 만든 틀을 그대로 따르는 것이 아니라, 각자가 스스로 찾아내고 자신의 방식대로 다듬어가야 하는 것이지. 재능 있고 독창적인 사람일수록 평생 자신만의 규율을 발전시켜 나가네. 마치 성장하는 사회가 끊임없이 법을 개정하는 것처럼 말이네.

돌이켜보면, 우리가 이미 흘러간 시간을 가장 아프게 후회하는 것은 그 소중한 시간들을 불충분한 준비로 흘려보내 주어진 기회를 제대로 살리지 못했다는 점이네. 반면에 "나는 늘 새로운 도전을 준비했고, 필요한 지식과 능력을 이미 갖추었기에, 때가 왔을 때 충분히 성공할 수 있었다"고 말할 수 있다면, 그야말로 행복한 사람이라 할 수 있겠지.

역사상 자기 규율을 보여준 위인들은 많지만, 모든 면에서 그 규모와 철저함이 가장 돋보이는 인물은 단연 알렉산더 폰 훔볼트라 할 수 있겠네. 세상은 그의 뛰어난 지적 업적만 주목하고, 그 거대한 성과를 떠받치는 '도덕적 토대'는 잘 보지 못하는 것 같네.

훔볼트는 이미 알고 있는 것에 결코 만족하지 않고, 더 배우고 더 깊이 이해하려 애썼어. 많은 지식을 지니고도 겸손히 다른 이의 도움을 청하기를 주저하지 않았지. 동시에 어려운 상황에서도 결코 흔들리지 않고 끝까지 탐구를 이어가는 굳건한 신념도 지녔네. 나는 그의 빛나는 지적 업적과 그 업적을 지탱한 인격적·도덕적 토대 중 어느 쪽이 더 눈부신지 점점 구분하기 어려워지네.

자네도 이 순간부터 '글쓰기에 필요한 규율'을 스스로 찾아 실천해보게나. 천재와 둔재의 차이를 좁히는 일이 결코 쉽지 않겠지만, 자신의 능력을 날카롭게 다듬고 체계적으로 글을 쓰겠다는 의지는 강력한 원동력이 될 걸세. 부디 행운이 함께하기를 바라네.

실험실과 사교계 사이에서 흔들리는 당신에게

성공이란 참으로 묘하네. 그것은 마치 시대라는 춤곡에 발맞추는 기술과도 같아. 세상의 관심사와 공명하고, 그 순간의 감정을 공유하며, 시류에 맞춰 변화하는 능력… 하지만 진정한 지성은 이 화려한 무도회에서 늘 어색한 손님이 되고 마네.

앙페르✚의 일화를 들려 주고 싶네. 젊은 아내 쥘리가 보낸 편지들이 한 위대한 과학자의 소소한 일상을 얼마나 생생하게 보여주는지 모른다네.

✚
앙드레-마리 앙페르(1775~1836)는 18세기 말에서 19세기 초에 걸쳐 활동한 프랑스의 뛰어난 과학자였다. 그의 가장 중요한 발견은 전류가 만드는 자기장에 관한 것이었다. 1820년에 그는 전류가 흐르는 도선 주위에 자기장이 형성된다는 사실을 수학적으로 정립했는데, 이것이 바로 '앙페르의 법칙'이다.

"낡은 코트는 제발 입지 말아요." "와인은 사두셨나요?" "방에 의자는 있나요?" "그 산성 약품으로 또 양말에 구멍을 내시면 안 돼요."

과학자의 답장은 더욱 흥미롭다네.

"걱정 말아요. 이제는 물건을 태우지 않으니. 화학 실험할 때는 낡은 바지와 회색 코트, 녹색 벨벳 조끼를 따로 입고 있답니다."

불변의 자연법칙을 추구하는 그의 정신은 변화무쌍한 사회의 요구를 따라가지 못했지.

이는 단순한 부주의의 문제가 아니라네. 세련된 삶과 지성이라는 두 정신에는 근본적 차이가 있을 뿐이야. 앙페르의 지적 능력은 위대했지만, 그는 마치 화약 약품 냄새 나는 바지처럼 사교계와 어울리지 않았네.

올리버 골드스미스의 경우는 또 다르다네. 그는 화려한 벨벳 코트와 새틴 바지를 즐겨 입었지만, 이는 오히려 그의 내면의 불안을 드러내는 증거였어. 마치 서툰 그림을 화려한 액자로 가리려는 것과도 같았지.

이 오래된 갈등은 오늘날까지 이어지고 있네. 연구실의 실험복과 런웨이의 최신 유행처럼, 두 세계는 여전히 평행선을 그리고 있지. 우리에게 필요한 것은 어쩌면 이 둘의 대립을 넘어서는 새로운 지혜일지도 모르네. 연구실의 얼룩진 실험복 속에 담긴 진리의 추구와, 사교계의 우아함이 각자의 자리에서 공존하는 법을 배우는 것 말일세.

> ## "교양은 과시의 겉옷이 아닌,
> ## 영혼을 빚는 도구다."

교양이라는 말이 낡아 보이는 시대다. 그런데도 우리는 여전히 '있어 보이는' 지식을 갈망한다. SNS에 문화생활을 인증하고, 전시회 인증샷을 올리고, 영어 실력을 과시한다. 과거 유럽의 귀족이 라틴어로 계급을 과시했듯, 우리도 나름의 방식으로 '지식의 외투'를 입으려 한다.

미국 생물학자 바버라 매클린톡의 이야기는 이런 우리에게 따끔한 일침을 던진다. 30년간 무시당했지만 묵묵히 옥수수를 연구했고, 노벨상을 받고도 평소처럼 작업복 차림으로 호두를 주었다. 일본 문학가 무라카미 하루키는 30년 넘게 매일 새벽 4시에 일어나 글을 쓴다. 이들에게 지식은 과시의 도구가 아닌 삶의 방식이었다.

우리 시대의 함정은 '지적 과잉'이다. 하루에 쏟아지는 정보량이 스마트폰 사진 8,500장에 맞먹는다고 한다. 마치 작은 찻잔에 소방 호스로 물을 들이붓는 격이다. 그러니 많이 아는 것이 중요한 게 아니라, 그 지식을 어떻게 소화하고 활용할 것인지가 관건이다.

세계경제포럼의 보고서는 지식인에 대해 흥미로운 비유를 든다. 지식인에는 성을 짓고 그 안에만 사는 귀족 같은 이들과, 대학의 문을 활짝 열어놓은 교수 같은 이들, 이렇게 두 부류가 있다고 한다. 같은 물이 웅덩이가 되기도 하고 강물이 되기도 하듯, 지식도 마찬가지다. 결국 중요한 건 얼마나 알고 있느냐가 아니라, 그 앎으로 얼마나 많은 사람과 함께 성장할 수 있느냐다.

진정한 교양은 자기 점검에서 시작된다. 이 책을 읽는 게 정말 내가 원해서일까? 이 전시회는 인증샷이 아닌 진짜 감상을 위한 걸까? 매주 30분이라도 이런 질문과 마주하는 시간을 가져보도록 한다. 그리고 기억하자. 지식의 궁극적인 목적은 더 나은 인간이 되는 것임을.

제7부 ——————————————— 돈으로
살 수 없는 것들

많은 돈을 벌지 않을 자유를 꿈꾸는 사람에게

지난번 당신의 화려한 거실에서, 손님들이 떠나고 음악이 멈춘 뒤 나눈 우리의 대화가 아직도 생각나네. 그때 나는 자네와 완전히 뜻이 통하지 않은 채 대화가 마무리되었다는 느낌이 들었지. 내 말주변이 서툴렀던 탓이 컸을 거야. 늘 글을 쓰다 보니 느긋하게 생각을 정리하여 펜으로 써 내려가는 방식에 익숙해서, 즉석에서 말을 풀어내는 데는 서투르다네.

자네와 나는 기본적으로 두 부류를 대표하고 있네. 이 두 부류는 서로 적대 관계에 놓이기 쉽지만 둘 다 세상에 없어서는 안 될 존재들이라 적의를 품을 까닭이 없어. 이를테면 우리는 지금 시대의 '세속 권력'과 '정신 권력'을 각각 상징한다고 할 수 있네.

자네는 '막대한 인원을 이끌어 산업을 현명하게 경영하고, 부를 모아 적절히 분배한다'는 자기 소임을 명확히 이해하고 있지. 하지만 우리 지적 계층이 맡은 정신적 기능에 대해서는 아직 충분히 알지 못하는 듯싶더군. 그래서인지 우리를 바라보는 자네의 시선에 약간의 편견이 담긴 것 같네.

가장 높은 수준의 학문과 예술은 대개 온종일 재산을 모아야 하는 이들의 손에서 나오기 어렵네. 누구나 하루에 쓸 수 있는 정신적 에너지는 한정되어 있어서, 그것을 산업 운영에 모두 소진하면 새로운 지적 도전이나 발견을 위한 여력이 거의 남지 않지. 인류가 오늘날 이만큼 발전한 것도, 자신의 시간을 온전히 학문이나 예술, 과학적 발견에 바친 헌신적 인물들이 있었기 때문이야.

　　이를테면 훔볼트는 남미 대탐사를 위해 자신의 유산까지 팔아치우며 일생을 '자연 지식의 발전'에 쏟았고, 패러데이 역시 부를 쌓을 수 있는 기회가 있었음에도 과학에만 전념했지. 이처럼 역사를 빛낸 위인들은 대부분 '생활이 풍족할 정도의 수입'이면 족했고, 그 이상의 돈벌이는 신경 쓰지 않았다는 공통점이 있네.

　　산업 부문이 활기를 띠면 띨수록, 지적 계층에도 간접적으로 긍정적인 환경이 조성되네. 책을 읽고 깊이 있는 사색에 몰입할 수 있는 여유로운 독자층이 늘어나니 말일세. 더욱이 우리가 연구하는 과학과 예술, 문학의 상당 부분은 산업의 발달이 없었다면 애초에 존재하지도 못했을 걸세.

　　반대로 지적 계층의 존재 가치도 분명하지. 만약 내일 당장 모든 과학자와 문인, 예술가들이 활동을 중단한다면 어떻게 되겠나? 오래된 지식만으로 무한히 전진할 수는 없는 노릇이고, 시시각각 변화하는 상황에 대응하려면 새로운 법칙을 끊임없이 발견하고 성공과 실패의 기록을 쌓아가야 할 걸세. 그러지 못한다면 미래로 가는 길은 견고해지기 어려울 거야.

　우리는 서로서로 지탱하는 관계일세. 자네가 면직물을 생산해 부를 창출하듯, 우리는 그 부가 만들어낸 여유 속에서 새로운 지식과 예술을 창조해내네. 그리고 그 지적 산물은 다시 산업 발전의 토대가 되지. 이제 서로의 역할이 얼마나 귀중한지, 어느 정도 이해가 되었으리라 믿네. 자네와 내가 나눈 이 대화를 통해, 우리 사이에 있던 오해나 벽이 조금이나마 좁혀졌기를 바라네.

부와 지성의 딜레마에 빠진 사람에게

지식인의 삶에서 돈이란 참으로 묘한 존재라네. 한편으로는 지적 열정을 좌절시키는 굴레가 되고, 다른 한편으로는 지적 자유를 지키는 방패가 되니까.

생트뵈브도 어떤 시절에는 '글을 너무 많이 쓰지 않고' 좋은 책을 적당히 내며, 읽는 즐거움에 진지하게 몰두하고, 벗들과 어울리며 사적인 지적 대화를 풍성하게 나누고, 공적인 글쓰기보다 사적인 소통에 더 마음을 쏟으며, 절제된 기쁨을 누리는 삶을 살았다고 하네. 그야말로 '진정 가치 있는 것들을 제대로 음미하는 지적 생활'이었지. 하지만 이 모든 것이 결국 '생계'라는 폭군에게 붙들려, 더는 그렇게 살 수 없게 되었다며 안타까워했다네.

프랑스 철학자 오귀스트 콩트도 생계 문제에 시달릴 때마다 마음이 크게 황폐해졌다고 하네. 그는 "이런 걱정이 일상이 된다면 난 내 연구와 철학적 계획을 모두 내던지고 당나귀처럼 살아갈 수밖에 없을 것"이라고 탄식했다네.

자네도 알겠지만, 어떻게 하면 부자가 될 수 있는지에 대한 책은 넘쳐나지만, 정작 '돈 버는 본능'이 없는 사람이 쉽게 그 길을 가긴 어렵네. 단순히 통장 잔액에 0이 하나 더 붙는 일이 지적 성장이나 깨달음과 직접적인 관련이 있다고 보긴 어려우니 말일세. 남들은 점점 불어나는 통장 잔액을 보며 우쭐해할지 모르지만, 지적 탐구자라면 '이게 과연 무슨 의미가 있나' 하는 의문이 들 수밖에 없지 않겠나.

게다가 재산 축적 본능이 뛰어난 부자들이라고 해서, 우리가 "와, 나도 저 사람처럼 되고 싶다!"며 존경의 눈길을 보내진 않네. 돈을 모으는 데만 평생을 바친 이들을 보면, 한편으로는 지적 대화가 전혀 통하지 않아 자연히 거리감이 생기곤 하지. 부를 쌓는 것이 일종의 게임처럼 여겨지는 곳에 가보면, 돈 말고는 대화할 주제가 없어 혐오감마저 들 수 있다네. 그럴 때면 우리는 차라리 수입이 많지 않더라도 대화가 통하는 신부나 학자, 예술가의 검소한 집을 찾아가게 되네. 그곳에서는 돈 대신 다른 의미 있는 대화를 나눌 수 있으니 말일세.

하지만 이런 염증을 느낀다고 해서, 돈 자체가 지적 생활의 적이라고 단정 지을 수는 없네. 실은 돈이야말로 지적 생활을 보호하는 강력한 방패 역할을 한다네. 폭설과 혹한을 막아줄 지붕과 벽, 책을 펼칠 불빛, 모닥불의 온기, 그리고 연구를 위해 마련한 그 시간까지도 결국은 '축적된 노동의 가치', 즉 돈이 지켜주고 있지 않은가. 마치 잉글랜드가 해외 군함과 육군으로 산업을 수호하듯, 과거 사람들이 쌓아 올린 노동력이 지금 우리의 사색과 연구를 지켜주는 셈이지.

　　결국은 '시간을 어떻게 돈으로 지켜내느냐'가 핵심일세. 돈을 무작정 흩뿌려 시간까지 흩어지게 만들지 말고, 명민한 정신과 결단력을 지키는 호위무사로 돈을 활용해야 하네. '부자가 되면 지적 생활을 잃는다'고 단정짓기보다는, '부가 지적 성장의 밑거름이 될 수 있다'는 점을 기억하게. 자네가 이를 잘 헤아려 재정적인 어려움에 발이 묶이지 않기를 바라네.

심각한 빈곤을 겪는 학생에게

자네의 어려운 처지를 별것 아니라고 가볍게 치부하는 것이 진정한 위로가 될 수 없다는 점을 나는 잘 알고 있네. 격려하려는 마음은 알겠으나, 그것이 진정한 공감이라고 보긴 어렵지. 그래서 나는 가난이 별문제가 아니라며 자네를 속이려 하지 않겠네. 그것은 분명 지적 생활의 완성을 가로막는 큰 걸림돌 중 하나니까.

이제 우리가 할 일은 사람의 삶을 더 넓게 바라보며, 부유함과 가난이 어떤 영향을 주고받는지 함께 생각해보는 것이네. 자네처럼 가난 속에서도 뛰어난 의지와 재능으로 학문적 성취를 이룰 수 있지만, 그리 흔한 일은 아니야. 가난하면 기회를 얻기 힘들고 여유도 없어서 지성을 마음껏 펼치기 어렵지.

유럽에서 '돈을 쓰는' 주요 계층이 영국 신사 계급인데, 이들의 교양 수준은 매우 높다네. 반면 유럽에서 가장 절약을 중시하는 계층이 프랑스 농민들이야. 이들은 정보나 지식에 대해서도 눈에 띄게 무관심하고 마음 둘 곳이 거의 없다는 평을 많이 듣지. 영국 신사는 광범위한 독서와 곳곳을 누비는 여행으로 자신을 갈고닦고, 프랑스 농민은 장터에나 가야 겨우 움직이며, 책을 '낭비'라 여겨 돈을 주고는 절대 사지 않네. 저녁에 책을 읽기 위해 켜두는 촛불조차 아까워하니 말일세. 이 양 극단 사이에 다양한 중산층이 자리 잡고 있는데, 일반적으로 지적 수준을 높이려면 어느 정도 지출이 따르는 경우가 많네.

물론 돈을 많이 쓴다고 해서 모두가 교양인이 되는 것은 아니지. 무한정 사치만 부리다가 예민한 몸뚱이 탓에 딴생각할 겨를도 없이 '내 몸의 불편함과 피부 걱정' 밖에 못 하는 이들도 있네. 게다가 더 근본적인 문제로, 그들이 여러 세대에 걸쳐 부유한 환경에서 쌓아온 교양 자체가 얄팍할 수도 있지. 하지만 대대로 연 4,000파운드를 쓸 수 있있던 집안이 얼마 진까지 연 400파운드를 쓰던 집안보다 더 수준 높은 교양을 갖추고 있을 가능성이 크다는 것이 사실이네.

내가 이런 결론에 이르기까지 마음이 몹시 불편했던 것이, 부자들을 싫어해서가 아니라 단지 부자가 세상에 그리 많지 않다는 현실 때문이었네. 온 인류가 다 함께 문화와 교양의 혜택을 누릴 수 있다면 얼마나 좋겠나? 영국 시인 워즈워스가 주장했던 '소박한 생활과 고양된 사유'란 표어를 생각하면, 대다수 사람이 생활은 소박해도 생각만큼은 높은 차원에 이를 수 있지 않을까 하는 희망이 생기네. 사실 노동 시간 단축 같은 제도적 변화가 점차 이뤄지면서, 하루 중 잠깐이나마 여유 시간을 가질 수 있게 되었지. 그렇지만 우리 같은 사람들을 보게. 매일같이 수많은 시간을 배우고 익히는 데 써도 '여전히 아는 게 부족하고, 그나마 아는 것도 제대로 활용하기엔 역량이 턱없이 부족하다'고 느끼는데, 과연 하루 몇 시간 얻은 여유로 무지(無知)를 깨부술 수 있을까? 나도 대중의 교양 수준이 앞으로 크게 나아지리라 기대하기에는, 솔직히 아직 의문이 드는 게 사실이라네.

하지만 가난 속에서 공부하는 사람이 아무런 희망이 없다고는 결코 말할 수 없네. 가난은 여러모로 제한을 가하지만, 오히려 지적으로는 '집중'에 도움이 될 수 있어. 부유층은 광범위한 기대와 사교적 의무 속에서 집중력이 분산되는 경우가 많지만, 가난한 사람은 진정으로 자신이 끌리는 주제에만 몰두할 수 있는 환경을 가질 수 있지. 가난 속에서도 높은 지적 성취를 이룬 인물들이 이를 증명하고 있네. 이들은 '체면치레'를 위한 겉핥기식 지식에서 벗어나, 자신의 진정한 흥미를 충실히 따르며 깊이 있는 학습을 이루어냈다네.

게다가 부자에게는 다양한 자원이 제공되지만, 인간의 한계라는 위대한 평준화 기제가 존재하지. 아무리 많은 음식이 차려져 있어도 사람이 실제로 먹고 소화할 수 있는 양은 제한적이듯이, 정신적 자원도 마찬가지야. 부자는 광대한 지식의 기회를 가질 수 있지만, 실제로 자신이 흡수하고 이해할 수 있는 만큼만이 자기 몫이 되는 법이지.

나도 한때는 환경적 여건이 모든 것을 결정한다고

여겼네. 그러나 이제는 배움에 대한 진정성과 투자하는 시간, 그리고 건강이 가장 중요하다는 것을 깨달았지. 넉넉한 자금으로 값비싼 경험을 추구하는 이들도 있지만, 요즘은 책들을 저렴하게 구할 수 있어 작은 방 불빛 아래서도 훌륭한 저술들을 접할 수 있어.

나에게도 부유한 친구들이 있어 그들이 더 먼 곳을 다니고 값진 물건을 사들이는 것을 보네. 하지만 그들이 내가 1년 동안 이룬 학습의 깊이보다 앞서 있다고는 느껴지지 않더군. 하루는 모두에게 똑같이 주어지지 않은가. 내가 책을 탐독하며 얻은 깨달음과 그들이 값비싼 여행으로 얻은 경험이 서로 다를지언정, 연말에 돌이켜보면 그 성취의 깊이는 크게 다르지 않다는 것을 알게 되었네.

그래서 자네가 지금 훌륭한 문헌 한 권을 진정성 있게 탐독하고 있다면, 그 누구도 자네보다 더 나은 학습을 하고 있다고 단정할 수 없다네.

돈 문제에 무심한 천재에게

자네에게 요즘 내가 품고 있는 염려를 솔직히 전하고자 하네. 자네는 사치스럽게 지내거나 탐닉에 빠져 사는 이가 아니야. 하지만 지적 활동에만 몰두한 결과, 물질적인 문제들에 대해 전반적으로 무관심한 태도를 보인다네. 이는 재정적 안정에 큰 위협이 될 수 있어. 영국 작가 시드니 스미스는 일찍이 이렇게 말했지.

"스스로 아주 부유하다고 여기며 허술하게 구는 순간, 재정 파탄으로 가는 지름길에 들어선 것이나 다름없다."

부를 추구하는 것이 지적 생활에 꼭 유리하지는 않지만, 그렇다고 가난의 불편함이 지적 생활에 호의적이지도 않다는 점을 기억해주게. 사람들은 종종 궁핍이 노력의 자극제라 말하지. 그래, 산업계에서야 그럴 수도 있겠지. 노동에 들인 시간과 노력만큼 대가가 명확하게 주어지는 업종이라면, 돈에 대한 필요가 분명 자극이 될 수 있어. 일찍이 돈의 궁핍을 체감한 사람이라면, 그 부족분을 메우기 위해 애쓰다가 결국 산업 현장에서 성공을 거두는 토대를 닦을 수 있겠지. 다시 말해, 부를 얻는 것이

궁극적 목표가 되는 산업계에서는 가난으로 인한 절박함이 목표를 향해 나아가는 뚜렷한 동력이 되는 법이네. 새벽 5시에 일어나 남의 공장에서 일하며 기초부터 배워, 마침내 수많은 인력과 막대한 자본을 움직이는 '산업계의 지휘관'이 되는 그림 말일세. 거대한 증기선을 만들려면, 자본이 있든 없든 일단은 못질부터 배워야 해. 머리를 숙여 실제 현장에서 기술을 익히는 편이 훨씬 유리하지. 그래서 실전에서 성공한 이들은 흔히 "역경이야말로 가장 좋은 스승이었지!" 하고 자랑스럽게 말하네. '굶주림'과 '역경'이 몸을 단련하고 현장감을 길러주었기 때문이야. 식민지 개척지에서 손에 굳은살이 박인 사람이, 보송보송한 손을 가진 이보다 금을 더 빨리 쥐게 되는 것도 같은 이치라네.

심지어 전문직이라 불리는 변호사나 의사, 예술가의 길에 들어서려는 젊은이도, 초기에 부족한 형편이면 일찍이 위기감을 느껴 성실하게 일에 뛰어들게 마련이지. 넉넉한 사정에서 시작한다면, 초년 시절 보잘것없는 보수를 받을 때 힘껏 애쓰지 않을 수도 있네. 그러면 성숙기에 누릴 수 있는 더 큰 성공을 스스로 놓쳐버릴 가능성이 크지. 게다가 충분히 일을 겪어보는 게 어떤 식으로든 최고의 실전 교육이 될 터인데, 재정적으로 편해 일을 적게 하면 그만큼 훈련도 줄어드니 말일세.

하지만 순수 지적 생활, 즉 학문과 사색에 중점을 두고 사는 이들에게는 당장 돈을 벌어야 하는 절박함이 오히려 학습과 연구를 중단시키는 위협으로 작용하네. 학문이든 예술이든, 그런 사람들에게는 '지속적인 자기 교육'이야말로 삶의 핵심이라 할 수 있어. 마치 40세의 학자가 14세 에토니언♣만큼이 나 여전히 '배움의 과정' 속에 있는 것처럼 말일세. 그런데 갑자기 생계를 위해 돈을 구

♣
영국의 명문 사립학교인 이튼 칼리지의 학생이나 졸업생을 가리키는 말로, 일반적으로 영국 사회의 엘리트를 뜻한다.

해야만 하는 상황이 닥친다면, 눈앞에 펼쳐둔 책이며 도구들을 전부 덮고, 그 순간부터 시장에서 바로 팔아먹을 수 있는 일을 해야만 하지. 옛날 부모들이 어린 자녀를 공장으로 보내 문맹(文盲) 상태로 방치하곤 했던 그 심정과 다를 바 없네.

영국 지식인 존 러스킨의 비평서 『근대 화가론』을 보게. 17년이란 시간을 들여 완성한 그 걸작은 단순한 천재성의 결실이 아니었어. 재정적 안정이라는 든든한 토양이 있었기에 피워낸 꽃이었지. 드 소쉬르 같은 스위스의 언어학자도 마찬가지였네. 넉넉한 재산이 평생 연구를 가능케 해주었어.

좁은 재정적 여건이란 지성의 날개를 꺾는 족쇄와도 같아. 고차원적 지적 작업을 아예 시작조차 못 하게 하거나, 시작한 작업을 영원히 미완으로 남게 만들지.

독일 문학가 프리드리히 폰 쉴러의 이야기는 더욱 가슴이 아프다네. 가난한 군의관이었던 그는 평생 경제적 곤궁에 시달렸다네. 창작 대신 페이지당 1실링을 받

는 번역 일에 시간을 모두 빼앗겼지. 그 탓에 얼마나 많은 시가 세상에 나오지 못했겠나.

드 세낭쿠르의 경우를 보게나. 그는 평생 기구한 불운에 맞서 허덕였고, 그 결과 자신의 지적 성장이 심각하게 가로막혔다고 술회했다네.

"가난의 본질을 단순히 돈을 쓰지 못하는 문제로만 보는 사람은 그 해악의 진정한 모습을 알 수 없다. 예를 들어 8펜스의 허름한 식사와 10실링의 근사한 식사의 차이가 전부라고 여긴다면, 그것은 가난이 인간의 삶을 어떻게 옥죄는지 전혀 이해하지 못한 것이다."

하지만 조심하게나. 베크포드♣♣의 전철을 밟지 않도록. 부는 양날의 검과 같아. 세련된 자기 탐닉에 빠지기 쉽고, 타인의 노동을 지시하는 데 만족할 수도 있지. 돈은 마치 성벽과 같은 것이어야 하네. 우리의 지성을 지키고 보호하는 방패 말일세.

♣♣ 윌리엄 베크포드(1760~1844)는 영국 최고의 부호 중 한 명으로, 10세에 아버지의 막대한 유산을 물려받았다. 이 재산은 주로 자메이카 설탕 농장과 노예제를 통해 축적되었으며, 베크포드는 문학과 건축 등 다방면에서 재능을 보였지만, 그의 문학적 유산으로 남은 것은 기이한 고딕 소설『바텍』이 거의 전부다.

재산을 막 상속받고 문학의 꿈을 접으려 하는 제자에게

베크포드의 초상 앞에서 나는 깊은 사색에 잠기곤 하네. 그의 삶은 재능과 부의 관계에 대한 가장 강력한 증거가 아니던가. 한때는 모차르트의 선율이 그의 거실을 채웠고, 영국 화가 조슈아 레이놀즈의 붓이 그의 영광을 담았지. 그러나 이 모든 찬란한 영예는 결국 고딕 소설 『바텍』 한 권으로 수렴되고 말았네.

나는 이렇게 단언하겠네. 부란 결코 단순한 축복이 아닐세. 그것은 정신을 시험하는 시험대요, 영혼의 각오를 재는 저울이네. 베크포드는 이 시험에서 패했던 것이지. 사교계의 의무와 향락이 창조적 에너지를 고갈시켰고, 결국 그는 예술의 창조자에서 예술품의 소비자로 전락하고 말았어.

하지만 우리에게는 훔볼트라는 빛나는 반대 사례가 있지 않은가! 그는 재산을 마치 연구실의 도구처럼 다뤘네. 뵙케의 후원자들 역시 그러했지. 이들은 재산을 소유했으나, 결코 재산에 소유되지 않았어.

여기서 우리는 명백한 진리를 발견할 수 있네. 부는 결코 그 자체로 축복도, 저주도 아닐세. 그것은 단지 도구일 뿐이야. 문제는 그 도구를 어떻게 다루느냐지. 자네는 이 도구를 창조적 정신을 발현하는 데 쓰겠는가, 아니면 그 정신을 옥죄는 쇠사슬로 쓰겠는가?

　　이것이 베크포드가 우리에게 남긴 가장 중요한 교훈일세. 부와 재능이 공존할 때, 그 둘의 균형을 잡는 것이야말로 인생 최고의 기예가 아니겠는가.

부유한 후원자들에게

우리 인간이란 존재가 참으로 흥미롭지 않나. 부유한 이들이 재력으로 빛날 수 있는 영역을 찾아가는 것은 너무나도 자연스러운 일이야. 우리 모두가 자신의 강점이 돋보이는 곳을 찾아가듯 말일세.

하지만 자연스러운 성향은 두 가지 함정을 만들어내지. 하나는 재력으로 경쟁자를 제한하려 드는 것이고, 다른 하나는 사회적 지위가 요구하는 수많은 의무에 매몰되어 순수한 지적 활동과 멀어지는 것이네. 이런 의무들은 마치 끈적끈적한 거미줄 같아서, 빠져나오기도, 그 범위를 제한하기도 쉽지 않다네.

현대 사회를 보게. 지식인에게 다양한 생계 수단을 주는 듯하지만, 이것은 또 하나의 함정이 되곤 하지. 단순 생계를 위해 쓰는 시간은 지식인만 할 수 있는 고귀한 작업에서 빼앗긴 시간이야. 독창적 연구와 발견의 능력을 갖춘 사람이 단순한 지식의 대중화에 매달리는 것은 귀중한 정신적 에너지의 낭비일세. 이건 마치 독수리에게 닭장을 지키게 하는 셈이라네.

영국의 생리학자이자 동물학자인 카펜터 박사의 이

야기를 들려주고 싶네. 그는 20년 동안 생계를 위해 시간의 90퍼센트를 대중 강연과 저술에 바쳐야 했지. 과학 연구에는 고작 10퍼센트만 할애할 수 있었고. 그는 의사로서의 일과 진정으로 하고 싶은 과학 연구를 병행하는 것이 불가능하다는 걸 깨달았어. 그러다 육체적, 정신적 탈진 상태에 이르렀지. 다행히 그는 적절한 후원을 받아 연구의 자유를 얻었지만, 만약 그렇지 못했다면 어땠을 것 같나? 그가 그 고된 시간을 견디지 못했다면, 세상은 귀중한 지성을 잃었을 걸세.

수학자이자 동양학자인 프란츠 뵙케의 이야기도 우리에게 희망을 주네. 한 이탈리아 왕자의 소박한 연금 덕분에 그는 빈곤에서 벗어나 고귀한 지적 생활을 이어갈 수 있었지. 왕자는 쓸모없는 희귀 필사본을 수집하는 대신, 한 훌륭한 학자의 연구에 지원하는 현명한 선택을 했네. 이것이야말로 진정한 문화 후원이 아니겠나!

자네가 '모든 재산을 학술 연구에 쏟아붓는 훔볼트가 되긴 어렵겠지만, 지식 발전에 뭔가 기여하고 싶다'면, 나는 망설임 없이 조언하겠네. 성실하고 재능 있는 학자를 도와 그들이 가장 잘할 수 있는 과업에 전념하게 해주게. 이것이야말로 자네의 부를 가장 고귀하게 쓰는 길일세. 그렇게 된다면 자네의 황금은 단순히 화려한 생활을 장식하는 도구가 아니라, 지성의 진보를 밝히는 진정한 횃불이 될 것이네.

직업에 편견을 갖고 있는 사람에게

우리는 흥미로운 시대의 변화를 목도하고 있다네. 상업에 대한 낡은 편견이 서서히 무너지고 있지 않은가? 그렇지만 전문직이나 상류층에게는 여전히 상업을 경시하는 태도가 있어. 마치 과거의 미신이 남긴 유령 같다고나 할까.

참으로 놀라운 일이 아닌가. 영국인의 이 기묘한 특성을 보게나. 한편으로는 상인에 대한 깊은 존경심을 보이면서, 다른 한편으로는 이 나라를 오늘의 영국으로 만든 산업과 지성의 힘을 과소평가하지 않나. 귀족 자제가 품위를 잃지 않고 선택할 수 있는 직업이 고작 지주, 군인, 성직자, 이 세 가지라니. 얼마나 시대착오적인가.

더욱 흥미로운 점은 상업 분야 간에도 존재하는 미묘한 위계질서일세. 와인 상인은 무화과 상인보다 더 '신사적'이라 여겨지고, 모직물 제조업자는 면직물 제조업자보다 조금 덜 '천하게' 취급받는다네. 이 얼마나 비합리적인 구분인가? 상업은 취급 물품이 무엇이든 본질적으로는 동일한 성격의 일이지 않은가.

최근 영국 최대 사립 학교인 이튼 출신의 한 젊은이

가 면직물 공장에서 일하며 연봉 400파운드를 받은 사례를 들어보겠네. 처음에는 아무도 그의 진정성을 믿지 않았다고 하더군. 하지만 그는 매일 아침 6시부터 저녁 6시까지, 주 6일을 꾸준히 일했고, 1년이 지나 마침내 동료들의 신뢰를 얻게 되었지.

그러나 여기서 한 가지 깊이 생각해볼 점이 있네. 이 젊은이의 선택은 에너지를 발산할 출구를 찾는 활동적 성향의 발로였지, 지적 성장을 추구하는 행보는 아니었어. 10시간의 고된 공장 근무 후에 지적 탐구에 몰두하기란 쉽지 않을 터. 설령 육체적 기력이 남았다 해도, 실무적 부담과 책임감이라는 무게를 덜어내고 순수한 사색의 세계로 늘어서기란 쉽지 않았을 거야.

상업의 거물이 보여주는 지적 능력은 실로 대단하다네. 하지만 전적으로 실무적인 성격의 능력이지. 마치 타조처럼 땅 위는 잘 달리되 하늘을 날지는 못하는 격이랄까. 급박한 상황에서는 메추리처럼 잠시 날아오를 수야 있겠지만.

영국 정치인 윌리엄 이워트 글래드스턴 경이 최근 리버풀에서 언급했듯, 상업과 학문에서 동시에 뛰어난 인물이 나오길 기대해볼 수는 있을 테지. 하지만 내 경험으로는, 상업적 부를 크게 일군 이들은 예외 없이 상업에 전념했고, 교양은 나중으로 미루는 게 일반적이었다네.

결코 상업을 경시하는 말을 하려는 게 아니라, 단지 상업이 정신에 미치는 불가피한 영향을 냉철히 인식하자는 소리일세. 뛰어난 실무 능력과 강인한 에너지를 지닌 사람에게는 더할 나위 없는 기회가 되겠지만, 사색적 성향의 사람이라면 어떤 갈등을 겪게 될지 생각해볼 일이네.

"적게 벌 자유를 선택하다."

지적 계층은 인류의 정신적 지평을 꾸준히 넓혀왔다. 그 중심에는 언제나 과감한 선택이 있었다. 물리학자 리처드 파인먼의 경우가 대표적이다. 그는 맨해튼 프로젝트 참여 당시 높은 보수 대신 교육과 순수 연구의 길을 택했다. 이 선택은 결과적으로 양자전기역학 이론의 발전으로 이어졌고, 노벨상 수상은 물론 현대 양자 컴퓨터 연구의 토대⊩ 되었다.

이와 같은 선택의 역사는 현대에도 이어지고 있다. 팀 버너스-리는 월드와이드웹(WWW)을 발명하고도 특허 등록을 포기했다. 그의 결정은 오늘날 우리가 누리는 인터넷 문명의 근간이 되었다. 인공지능 연구자 데미스 허사비스 역시 비슷한 길을 걸었다. 게임 회사에서의 성공적인 경력을 뒤로하고 유니버시티 칼리지 런던(UCL)의 박사 과정에 진학한 그는 이후 딥마인드를 설립하면서 '인공지능이 과학적 발견을 가속하는 데 기여해야 한다'라는 순수 학문 연구의 원칙을 고수했다.

이러한 선택은 오늘날에도 계속되고 있다. 400만 원이 넘는 기업의 월급을 거절하고 매월 200만 원을 받는 연구원 자리를 택한 A의 이야기를 들어보자. "매일 야근하면서 돈 버는 것보다, 적게 벌어도 공부할 시간이 있는 게 좋아요." 그의 말에는 분명한 신념이 담겨 있다. 돈과 공부의 대립은 어제오늘의 일이 아니지만, 현시대에는 그 대립은 어느 때보다 치열하다. 학비는 오르고, 집값은 뛰고, 물가는 치솟는다. 그럼에도 여전히 누군가는 '적게 벌 자유'를 선택한다.

주목할 점은 이들이 결코 돈의 가치를 모르지 않는다는 사실이다. 오히려 돈의 가치를 너무나 잘 알기에, 돈이 가져갈 시간의 가치도 정확히 계산한다. "돈을 버는 시간 대신 생각하는 시간이 필요해요." 이들의 말 속에는 냉철한 삶의 산수가 숨어 있다.

실용적 계층과 지적 계층은 사회의 양 날개와 같다. 그렇기에 우리에게는 관점의 전환이 필요하다. '돈이냐, 공부냐'의 단순한 이분법이 아닌, '내 시간의 가치를 어떻게 매길 것인가'라는 본질적 질문을 던져야 한다. 누군가에게 하루 2시간의 독서는 야근 수당보다 값지며, 또 다른 이에게 연구실의 고요한 오후는 성과급 몇 달 치보다 소중하다. 사실 능력만 있다면 돈은 벌 수 있다. 다만 시간과 에너지라는 현실적 제약이 있으니 우리는 선택해야 한다.

이는 결코 돈의 가치를 부정하는 이야기가 아니다. 다만 우리 각자가 자기 시간에 붙이는 가격표가 다를 수 있으며, 얼핏 무모해 보이는 선택 속에도 나름의 치밀한 계산이 있다는 것을 이해할 필요가 있다는 이야기다. 바로 이 지점에서부터 우리는 진정한 대화를 시작할 수 있을 것이다.

제8부 ——————————— 일과 삶의
균형 찾기

자유롭게 일하면서 돈도 벌 수 있는 직업을 찾는 당신에게

지적 능력이 뛰어난 자네가 그 능력을 제대로 펼칠 수 없는 일을 하면 만족스럽지 않을 걸세. 아무리 의지가 강해도, 흥미가 없는 일을 견디며 돈을 모아 은퇴만을 바라보는 삶이 어찌 즐겁겠나? 우리의 재능을 끊임없이 갈고닦을 수 있는 일, 그것이야말로 가장 행복한 삶을 가져다줄 걸세.

자네가 성직에 몸담을까 고민했다고 들었네. 성직에 종사하면 높은 이상을 추구하며 꾸준한 수련을 통해 정신적 성장을 도모할 수 있지. 또한 공적 활동과 사생활이 적절히 조화를 이루어, 활동과 휴식을 번갈아 누릴 수 있다는 점도 매력적이야. 성직자라는 신분은 사회 여러 계층을 만나도 '중립적'이고 '독립적'인 지위를 유지하는 데 유리해. 그 신분이 가진 안전망을 적절히 활용하기만 하면, 오랫동안 단절 없이 문화와 교양을 탐구하기가 비교적 쉽다네. 다만 한 가지 고민이 있다면, 교리라는 틀에 갇혀 자유롭게 진리를 탐구하기가 어려울 수 있다는 점이지.

법조계를 살펴보면, 논리적 사고와 정확성을 추구

하는 이들에게 많은 기회가 열려 있다네. 실제 세상사를 다루며 실무 경험을 쌓다 보니 세상 물정에도 밝아지지. 이는 책상에서 배울 수 없는 귀중한 실전 교육이야.

법률 일을 대하는 태도는 사람마다 다르지. 이 일을 진심으로 사랑하는 이가 있는가 하면, 극도로 혐오하는 이도 있고, 그저 생계 수단으로 여기는 이도 있네. 하지만 한 가지 주목할 점은, 자신의 일을 정말 즐기는 법조인들은 하나같이 뛰어난 지력과 재능을 지녔다는 것이지. 이들만 보아도 법조계가 지적 도전을 추구하기에 더없이 좋은 분야임을 알 수 있네.

내가 법조계를 직접 경험해보진 않았기에 그들의 속내를 깊이 있게 말하긴 어렵네. 하지만 한 가지 분명한 점은, 변호사들이 뛰어난 두뇌를 쓰는 목적이 '순수한 진실 추구'보다는 '의뢰인의 이익'에 있다는 것이지.

마치 성직자들이 교리를 수호하려 하듯, 변호사들도 의뢰인의 입장만 대변하다 보니 지적 객관성을 잃기 쉽다네. 그래서 그들은 예리한 판단력과 논리력을 갖추고 있으면서도, 공평무사한 시각을 유지하기 어려워. 게다가 워낙 바쁜 일정에 쫓기다 보니, 성직자들보다도 더 자신의 일에만 매몰되어 살아가는 걸세.

한때 런던에서 알고 지낸 유능한 변호사가 있었네. 내가 "요즘 전시회는 가보시나요?"라고 물었더니, 그가 이렇게 되물었지. "그대는 치티의 『계약법』, 콜리어의 『동업법』, 테일러의 『증거론』, 스미스의 『상법』은 읽어

보셨나요?"

나는 그 말을 듣고서야 깨달았네. 대중을 위해 마련된 전시회조차 둘러볼 시간이 없는 법조인의 시각이 바로 이런 것이구나 하고 말이야.

대신 법조인들은 현실의 인간 세태를 꿰뚫어보는 안목이 매우 예리하다네. '지금 무슨 일이 벌어지고 있는지, 실제로 무엇이 중요한지'를 정확히 파악하지. 주어진 문제를 어떻게 다뤄야 하는지, 제도와 관습의 영향력이 얼마나 큰지도 잘 알고 있네. 이러한 '현실 감각'은 철학자나 신학자들이 놓치기 쉬운 것이지만, 법조인들은 실무 경험을 통해 자연스레 익히게 되네. 성직자, 예술가, 과학자와 비교해보면, '사회적 실무 감각'만큼은 법조계가 단연 으뜸이라 할 수 있지.

의학은 과학적 사고와 인간에 대한 이해를 함께 키울 수 있는 분야라네. 지적 성취와 사회적 인정을 동시에 얻을 수 있지. 다만 한 가지 경계할 점이 있다면, 시골 의사나 약사처럼 일상적인 진료에만 매달리다 보면 의학 서적이나 최신 연구를 멀리하게 된다는 거네. 그러다 보면 금세 판에 박힌 치료만 되풀이하게 되지. 그래서 의학 저널이나 정기 간행물을 꾸준히 읽는 습관이 매우 중요하다네.

군사 분야는 지나치게 활동적이고 상관에 대한 절대 복종이 요구되는 곳이라, 깊은 사색이나 최상의 지적 성취를 이루기엔 적합치 않다네. 병영 생활과 잦은 이동으로 인해 홀로 몰입할 수 있는 '고독의 시간'을 갖기도 어렵지. 고위직에 오르면 전략적 사고를 할 기회가 있겠지만, 대개는 행동과 책임이 중심이 되는 삶이라 자네의 성향과는 맞지 않을 수 있어.

이제 마지막으로 예술, 특히 미술 분야를 실용적 관점에서 살펴보세. 화가들은 문학적 소양이 부족해 보이더라도 때로는 깊은 학식을 보이고, 예리한 통찰력을 발휘하곤 하네. 이는 미술 작업이 손과 눈, 미적 감각을 주로 쓰는 동안에도 머리는 자유롭게 사유하고 대화할 여유가 있기 때문이지.

루벤스는 그림 그리는 동안 누군가 책을 읽어주는 걸 즐겼다 하고, 어떤 화가들은 작업 중에도 주변의 대화에 때때로 참여하며 지낸다네. 즉, 화가들은 비록 열심히 일하더라도 상당한 '정신적 여백'이 있어서, 이를 잘 활용하면 틈틈이 공부와 사색을 이어갈 수 있다는 뜻이네.

회화 자체도 훌륭한 지적 훈련이 될 수 있지. 뛰어난 예술가는 논리적 분석 없이 '직감'으로 그림을 그린다고 생각하는 사람들이 많네. 하지만 의외로 "나는 작품을 수학 문제 풀듯 단계별로 논리적으로 구성한다"고 말하는 화가들이 적지 않네. 화려한 영감의 결과물 뒤에는 치밀한 사고 과정이 숨어있다는 뜻이지.

더구나 회화는 광학, 해부학, 기하학 같은 '자연의 시각적 원리'를 이해해야 하니, 이미 과학적 기반을 갖추고 있네. 물감을 다루는 화학적, 물리적 지식도 필수고.

미술사의 대가들은 각자의 시대에 걸맞은 학문적 사유를 진지하게 해왔다는 증거들이 많아.

문해력이 부족한 예술가도 많지만, '책은 못 읽어도 사고력이 뛰어난' 이가 있는가 하면, '책만 많이 읽고 스스로 생각하지 못하는' 이도 흔히 있지 않은가.

자네가 직업을 선택할 때 중요한 것은 두 가지라네. 하나는 '얼마나 깊은 지적 자유를 누릴 수 있는가'이고, 다른 하나는 '진심으로 몰두할 수 있는 분야인가' 하는 점이지. 자네가 어느 분야에서 가장 큰 열정과 지적 즐거움을 느끼는지, 그리고 그 직업의 본질이 자네의 지적 성향과 얼마나 조화를 이루는지 살펴보게. 그 길을 먼저 걸어간 이들의 이야기도 듣고, 직접 체험도 해보면서 신중히 탐색하는 거야. 자네 같은 재능과 열정을 가진 이라면, 어떤 길에서든 빛날 수 있을 걸세.

예술은 좋아하는데 현실적인 직업을 찾아야 하는 당신에게

당신의 예술과 문학에 대해 이런 말을 하는 것이 불편하지만, 진실을 말해야겠네. 지금까지의 성과는 가치가 떨어지며, 앞으로도 진정으로 만족스러운 결실을 맺기 어려워 보이네.

나는 당신의 재능을 믿어. 다만 그 재능을 '제대로 조율된 작업'으로 발전시켜 본 적이 없어서, 외부에서 그 진정한 역량이 어느 정도인지 정확히 가늠하기가 어렵다는 것이지. 대부분의 평론가는 잠재력만 있는 상태를 별로 높이 보지 않기에 혹평으로 기울 수 있네.

세상은 대체로 '실제 성과' 이외의 것은 알아주지 않아. 우수한 작업을 하면 명예도 돈도 얻을 수 있고, 심지어 아주 뛰어나지는 않아도 '꽤 쓸 만한' 결과물을 만들어내면—그리고 그것이 세상이 원하거나 필요로 하는 영역에 해당한다면—돈이라는 대가가 주어지지. 하지만 엉터리로 대충 해치운 조잡한 일에는 명예도, 보상도, 자기 양심의 만족도 따르지 않는 법이라네.

사실 우리는 누구나, 대충 만든 결과물이 하잘것없음을 스스로 직감하곤 하지. 설령 자기 작품이 훌륭하다고 착각하는 순간이 있더라도, 막상 누군가 정식으로 평가해주길 바라는 마음 한편에는, '이게 정말 값어치가 있을까?' 하는 불안을 떨쳐내기 어려운 법이네. 그리고 아직 전문적인 훈련을 받아본 적 없는 사람들에게는, '엉망인 결과물'과 '장인 수준의 결과물'을 가르는 틈이 얼마나 거대하며, 그 사이를 뛰어넘기가 얼마나 어려운지 체감하기 쉽지 않다네.

아일랜드 작가 찰스 레버가 소설 『브람리 가족』에서 지적했듯이, 부유한 이들은 종종 먹고 살길이 막히면, 그동안 쌓아온 몇 가지 재주만으로도 얼마든지 밥벌이를 할 수 있을 거라고 믿지. 하지만 이를 직업으로 삼으려 할 때, 평범한 구두방 주인보다도 자신이 한참 모자람을 깨닫게 되면서 비로소 현실을 직시하게 되네.

현대 영국 중산층의 물질 만능 풍조는 '기술'을 경시하는 태도를 낳았네. 포인터가 지적했듯이 뛰어난 기술자는 단지 '그걸로 먹고사는 사람' 정도로 치부되고, "기술이 돈보다 덜 중요하지 않나?"라는 무의식적인 멸시를 받게 된 거지.

기술자를 향한 도덕적 편견도 있다네. 힘든 수련 끝에 얻는 기술의 즐거움은 인생에서 가장 순수하고 아름다운 보상 중 하나일 텐데, 냉소적인 이들은 이를 그저 '허영심의 발로'로 폄하하곤 하지.

지식인들의 우월감에서 비롯된 경멸도 있네. 한 분야의 기술을 익히느라 다른 교양을 쌓지 못했을 것이라 여기는 편견이지. 그리노나 다이스처럼 예술적 기량과 학식을 겸비한 이들도 있지만, 이는 드문 경우로 여겨지네.

하지만 '전문적 기술'이란 폭넓은 지식이 실전 경험과 만나 완성되는 것이라네. 이는 마치 전쟁터와 같아서, 진짜 실력과 부족한 점이 확연히 드러나지. 그래서 나는 자네가 '책임 없는 사적 생활'에만 머물러, 재능을 제대로 시험해보지도 못한 채 끝나는 것이 안타깝네. 직업을 통해 얻는 '규율'은 그 어떤 개인적 결심으로도 대신할 수 없으니까.

결론적으로, 문학이든 예술이든 어떤 분야든 단순히 교양으로 즐기는 데 그치지 말고 전문가의 길에 도전해 보길 권하네. 그래야 자네의 잠재력이 현실 세계에서 어떤 평가를 받고, 어떻게 성장할 수 있는지 진정으로 알 수 있을 테니까. 하지만 세상은 약간의 능력을 갖춘 이들에게 아무런 필요를 느끼지 않네. 형편없는 전문가라도 뛰어난 아마추어보다 낫다고 여기지. 당신에게 지금 필요한 것은 전문가의 훈련일세.

글쓰기를 업으로 삼고자 하는 사람에게

어느 평론가가 워즈워스를 가리켜 "이 직업(시인)의 선두에 선 인물"이라고 썼을 때, 바이런은 그 표현에 심기가 몹시 불편했네. 이 불쾌감에는 여러 동인이 있었겠지만, 아마도 바이런이 지니고 있던 '지적 생활의 존엄성'에 대한 올바른 감각 때문이었을 걸세.

프랑스 자연학자 조르주 루이 르클레르 드 뷔퐁♣이 '자연학자'라는 호칭을 참을 수 없었고, 퀴비에가 '헬레니스트'라는 직업적 타이틀을 거부했던 것처럼 말일세. 이런 거부감이 단순히 "난 먹고살기 위해 애쓸 필요가 없을 만큼 부유하다"는 속물적 태도에서 나왔다면 정말 지지분한 생각이었겠지만, 그들이 공유했던 정서는 다른 데 있었네. 즉, 인류의 고등문화를 이끄는 '지적 도구들'이 통상적 의미의 직업으로 여겨지는 것을 달가워하지 않았다는 점이지.

♣
조르주 루이 르클레르 드 뷔퐁(1707~1788)은 진화론의 아버지로, 『자연사』라는 방대한 작품을 통해 생물 다양성과 지구의 역사를 포괄적으로 다루었다. 그는 생물학과 지리학의 발전에 크게 기여하였으며, 현대 생태학의 기초를 마련하였다. 뷔퐁의 연구는 생물 종의 다양성과 지구의 기원에 대한 통합적 관점을 제시하였으며, 당시 과학계에 큰 영향을 미쳤다.

바이런이 시를 "예술이자 속성"으로 보았듯, 가장 높은 수준의 지적 작업은 흔한 직업과 다른 차원에 있어.

패러데이 ♣♣의 삶을 보게나. 아일랜드 물리학자 존 틴들은 패러데이가 분석 화학에 재능을 썼다면 재산을 15만 파운드는 모았을 것이라 했네. 돈벌이를 최우선으로 삼았다면 말이지. 실제 패러데이가 택한 길은 그와 정반대였네.

♣♣
마이클 패러데이(1791~1867)는 영국의 물리학자이자 화학자로, 전자기 유도 법칙을 발견하여 전기 모터와 발전기의 원리를 확립했다. 그는 전기 분해의 법칙을 제시했으며, 패러데이 케이지를 발명하여 전자기파의 차단을 가능하게 했다. 패러데이의 연구는 현대 전기공학과 물리학에 지대한 영향을 미쳤다.

직업적 삶과 지적인 삶의 사이는 명확하네. 직업의 순수한 목적은 지식과 재능을 금전적 이익으로 전환하는 것이지만, 지적 활동을 추구하는 이들의 목적은 지식을 확장하거나 정교화하는 것, 혹은 높은 능력을 자유롭게 발휘하는 것이지.

스코틀랜드 작가 새뮤얼 스마일스가 저서 『성격』에서 인용한 영국 문학가 윌리엄 기포드의 말을 들려주고 싶네.

"일과 중에서 글쓰기에 할애한 한 시간은 글쓰기를 직업으로 삼아 일한 하루보다 값지다. 전자는 마치 사슴이 물을 찾아가듯, 정신이 기쁜 마음으로 자신을 새롭게 하고자 달려가는 것과 같다. 후자는 고된 여정을 계속해야 하며, 굶주림과 필요라는 사냥개들이 뒤따라오는 가운데 헐떡이며 지쳐가는 것이다."

영국 문학가 사무엘 테일러 콜리지도 이와 비슷한 통찰을 보여주었네. "생계 걱정 없이 확보한 석 달의 쉼이, 억지로 구겨 넣은 몇 주간의 강제 집필보다 훨씬 더 '천재성'을 끌어낸다"라고 말했지.

만약 문학이 충분한 보상을 제공한다면, 문학가는 작품 생산이 아닌 연구를 직업으로 삼는 것이 현명할 거야. 프랑스 역사학자 쥘 미슐레가 말했듯이 책이 어미 새의 따뜻한 품에서 알을 품듯 부드러운 인큐베이션을 거쳐 태어나도록 말이야. 하지만 문학을 밥벌이로 삼는 순간, 대부분 이런 '자연적 부화'에 필요한 시간과 여유를 잃게 되지.

게다가 문학인에게는 세상 경험과 사교도 필요한데, 이는 지속적인 소비를 수반하네. 교양 있는 삶을 지향하는 사람이 가난에 허덕이면 품위 유지가 어렵고, 결혼해서 가정을 꾸리면 더욱 그러하지. 결국 책으로 벌어야 할 돈이 많아지니 충분한 연구와 사색을 생략하고 속성 집필을 하게 된다는 것이 문제라네.

가끔 "공들인 문학이 더 큰 이윤을 가져올 수 있지 않을까" 하는 경우도 있지만, 대개는 이미 경제적으로 자립한 작가들만이 그런 호사를 누릴 수 있네. 문장 팔이로만 생계를 꾸려야 하는 전업 작가들은 어쩔 수 없이 빠른 글쓰기에 매달리게 되지.

결국 문학을 '직업'으로 삼는 최대 딜레마는 최선을

다하는 일이 수지타산에 맞지 않는다는 점일세. 예컨대 서평 하나에 3파운드 10실링을 받는데, 제대로 된 연구에 일주일을 써야 한다면, 그 시간과 노력이 보상될 리 없지. 그렇다면 해법은 무엇일까? 문학을 직업으로 삼지 않으면서, 생계는 다른 방식으로 해결하고, 문학에 바칠 시간과 품위는 지키는 길이 정말 있을까?

전업 작가의 가장 큰 축복은 자유롭게 조금만 써도 되는 상황에 놓이는 것이지만, 이는 매우 드문 경우라네. 그러니 문학을 일삼으며 살고 싶다면, '문학만으로 밥벌이를 해도 좋을까?'를 깊이 생각해보길 바라네.

쉴 새 없이 정열적으로 달리는 친구에게

영국 문학가 토머스 칼라일의 젊은 시절 이야기를 들려주고 싶네. 그는 종종 황량한 황무지처럼 거친 생각에 잠기곤 했으나, 괴테의 지혜로 위안을 얻었다네. 그러던 어느 날, 영국의 괴테 찬미자들과 함께 바이마르에 가서 경의를 표하고자 했는데, 그때 무한을 상징하는 뱀이 별을 감싸는 도안을 구상했지. 그리고 그 위에 'ohne Hast, ohne Rast(서두름도 없이, 쉼도 없이)'라는 문구를 새겼네.

'별처럼, 서두름도 없이, 그러나 쉼도 없이, 각자 자신에게 주어진 임무를 완수하라.'

이렇게 아름다운 표현을 보면, 우리는 곧장 이를 삶의 격률이자 규범으로 새기고 싶어지지. 단순히 '절대 쉬지 말라'는 산문적 충고였다면 우리의 상식이 즉각 반발했겠지만, 별을 예시로 든 아름다운 비유와 '서두르지 말되, 멈추지 말라'는 현명한 제안이 더해지니 부드럽게 수긍하게 되는 것이네.

그러나 우리 스스로 자문해보세. 별을 본받으라는 이 교훈이 과연 인간의 본성과 부합하는가? 행성은 서두르지 않지만, 그건 흥분에 휩쓸릴 능력이 없기 때문이야.

멈추지 않는 것도 피로를 느끼지 않기 때문이고. 행성의 움직임에는 애씀도, 마찰이나 저항도 없네. 반면 우리는 종종 마음이 들뜨거나 흥분되면, 곧바로 행동으로 옮기고 싶은 충동을 느끼게 되지. 그리고 어떤 일을 하든 마찰과 저항을 만나 피로가 쌓이기 마련이야. 이는 인간이 별과 달리 '지치지 않고 영원히 전진하는 존재'가 아님을 보여주네.

자네는 '별'처럼 쉼 없이 살아가고 있어. 마치 주변 세계가 전하는 '사랑과 즐거움, 그리고 공감'이 필요 없다는 듯이 말이야. 별과 바다에는 그것들이 불필요할지 모르나, 인간은 다르네. 휴식이 없다면 정신적 기력은 회복되지 못하고, 결국 어느 순간 무너지고 말 거야. 공감이 없다면 정서가 메마를 것이고, 사랑이 없다면 삶의 모든 빛깔이 바래져 버리지. 즐기는 마음과 유머 감각을 잃는다면, 젊음이 선물한 '쾌활함'도 사라지고 말 걸세.

그러니 쉴 때는 고요한 물처럼 깊이 쉬어야 해. 별은 영원히 움직이고, 바다는 끊임없이 출렁이며, 강물은 쉼 없이 흘러가지만, 인간은 그럴 필요가 없네. 차라리 여름 바람을 닮는 건 어떤가? 잔잔하게 힘을 모았다가, 때로는 배의 돛을 밀어주고, 풍차를 돌리며, 도시에 신선함을 선물하듯이 말이야.

"깊이 있는 생각과 현실의 조화가
진정한 지성이다."

한 작가가 책 리뷰로 10만 원을 받는다. 평소 관심 분야라면 축적된 지식으로 빠르게 훌륭한 리뷰를 쓸 수 있다. 하지만 생소한 분야라면? 작가는 '진정성'과 '효율성' 사이에서 갈등한다. 10만 원을 위해 일주일의 시간을 들여 깊이 있는 이해에 투자할 것인가, 아니면 인터넷 정보를 재조합해 표면적인 리뷰를 작성할 것인가?

더구나 AI가 그럴듯한 콘텐츠를 순식간에 만들어내는 시대다. 하지만 도구에 기대는 쉬운 선택을 하면 할수록 우리는 점점 피상적인 글쓰기에 길들고, 깊이 있는 탐구의 자세를 잃어간다. 더구나 서둘러 작업하는 습관이 들면, 그 후에 더 나은 습관을 익히기가 몹시 어려워진다.

작가의 가장 큰 특권은 바로 '적게 쓸 수 있는 자유'다. 문학의 진정한 가치는 양이 아닌 질에 있다. 시간이 지나도 의미를 잃지 않는 글은 항상 깊은 사유와 진정성 있는 고뇌의 결과물이었다. 우리 시대는 시의적절한 반응과 트렌디한 소재를 요구하지만, 역설적으로 시대를 초월해 읽히는 글은 결코 이런 방식으로 탄생하지 않았다.

해답은 '생계를 위한 글쓰기'와 '진정성 있는 글쓰기'를 엄격히 구분하는 데 있다. 매일 아침 1시간은 오직 자신만을 위한 글쓰기에 투자하고, 나머지 시간은 효율적인 직업적 글쓰기에 할애하는 방식이다. 두 영역을 섞지 않되, 둘 다 소홀히 하지 않는 것. 이것이 현대 지성인이 찾아야 할 균형점이다.

가장 위험한 것은 타협에 익숙해지는 순간이다. 처음에는 "이번 한 번만"이라며 시작한 대충 하기가 어느새 습관이 된다. 하지만 희망은 있다. 지성인의 마음을 완전히 포기하지 않은 이상, 우리는 언제든 다시 시작할 수 있다. 매일 조금씩이라도 자신만의 탐구를 위한 시간을 만들자. 그것이 이 시대를 살아가는 지성인의 조용한 저항이자 지혜다.

제9부 ─────────── 천재들의
작업실 엿보기

어디서든 일할 수 있다고 믿는 당신에게

아르키메데스가 시라쿠사의 포위전♣ 중에도 굴하지 않고 학문 연구를 이어간 사례에서부터 시작해보세. 그는 소란스러운 전쟁 한가운데서도 수학 문제에 빠져 완전히 주변을 잊어버릴 만큼 몰입했던 듯하네. 그의 죽음에 대한 여러 설화는 조금씩 다르지만, 공통적으로 전해지는 건 그가 '깊은 몰입의 습관'을 지닌 인물이었고, 주변 상황이 아무리 위험해도 익숙해지기만 하면 다시 일상적 탐구를 이어갔다는 점이라네.

주프루아 생틸레르♣♣도 알렉산드리아가 포위된 상태에서 규칙적이고 꾸준한 작업

♣
시라쿠사 포위전(기원전 213~212년)은 고대 로마군이 시칠리아의 도시 시라쿠사를 포위하여 함락시킨 전투다. 이 전투에서 아르키메데스는 혁신적인 방어 기계들을 개발해 도시 방어에 크게 기여했다. 2년간의 치열한 공방전 끝에 로마군이 승리하여 시라쿠사를 정복했으며, 이 전투는 고대 전쟁사에서 과학 기술과 군사 전략이 결합된 대표적 사례로 평가받고 있다.

♣♣
에티엔 조프루아 생틸레르(1772~1844)는 프랑스의 저명한 동물학자이자 자연과학자로, 나폴레옹의 이집트 원정에 참여했다. 그는 모든 동물이 공통된 기본 구조를 공유한다는 '통일성 이론'을 발전시켰으며, 생물의 다양성이 하나의 근본적인 틀에서 파생되었다고 주장했다. 그의 연구 성과는 현대 동물학과 진화생물학 발전에 큰 기여를 했으며, 그는 프랑스 계몽주의 정신을 대표하는 모범적인 학자로 평가받고 있다.

을 해냈다네.

"아, 배움이란 얼마나 달콤한가! 언제 폭탄이 떨어져 내가 모아둔 자료들을 한꺼번에 지옥으로 날려버릴지도 모르는 상황이었는데도, 그런 생각은 전혀 들지 않았지."

전기뱀장어 두 마리가 잡혀온 덕분에, 그는 곧장 실험을 시작했고, 완전히 집중한 채 3주 동안 전쟁의 참상도 잊은 채 살았네.

괴테가 베르됭에서 포격 소리를 들으며 지내던 때도 마찬가지였네. 그는 자신이 목격한 전쟁 광경에서 비극이나 전쟁 문학의 영감을 얻기는커녕, 빛깔과 색채 현상을 다루는 과학적 성찰에 푹 빠져 있었다네. 군인들이 낚시를 할 때도 정작 그 군인들보다도 물 표면의 '광학 현상'에 매료되어 있던 사람이 바로 괴테였지.

하지만 이런 예시들이 보여주는 것은, 극도로 방해되는 환경에도 불구하고 자기 공부에 몰두하는 일이 '가능하다'는 점일 뿐, '주변 환경이 전혀 영향을 주지 않는다'는 결론에 이르러서는 안 될 것이네. 생틸레르가 알렉산드리아에서 겪은 포위전은 그에게 자신도 모를 극도의 흥분 상태를 가져다주었을 거야. 그는 겉으로는 전기뱀장어에만 집착한 것처럼 보여도, 실제로는 전쟁 상황이 그의 신경계를 강하게 자극해 살인적인 열의와 긴장감 속에서 엄청난 업무량을 소화하도록 만들었겠지.

괴테의 경우를 보더라도, 프랑크푸르트 시절의 분위기가 그에게 지대한 영향을 미쳤음을 부정할 수 없네.

"프랑크푸르트는 사람들로 북적이고, 대규모 장터가 열리며, 다양한 민족이 살고 있어 괴테처럼 다재다능한 사람에게 끊임없는 유혹과 다양성을 제공했다." 반면 그의 지적 균형감은 조용한 바이마르 생활에서 얻어졌지. 그는 그곳에서 정원이 있는 집에 틀어박혀서는 일름강의 작은 다리에 있는 문들을 모두 잠그고 완전한 고독에 잠겼다네.

결국 이 모든 이야기가 말해주는 건, "우리 자신이란 본래 아무것도 아니며, 오직 '인류의 지적 사슬' 가운데 한 고리로서만 의의가 있다"는 점이네. 우리는 그 사슬을 통해 전달되는 '지적 전류'를 받고, 또 이를 후대에게 전달하게 되지. 여기서 우리가 지닌 재능이 크고, 우리를 둘러싼 환경이 좋을수록 그 전류가 증폭된다네.

티치아노의 예가 이를 잘 보여주네. 카도레의 베첼리 가문에서 태어나 베네치아에서 적절한 시기에 최고의 예술 교육을 받을 수 있었던 것, 그리고 조르조네와 같은 동료를 만난 것이 그의 예술적 성장에 결정적이었네. 여기서 천재가 태어났다는 사실만큼 중요한 건, 그가 '언제, 어디서, 누구와 함께' 자랐느냐는 거야.

이 모든 것이 시사하는 바는 분명하네. 인간은 어떤 상황에서도, 전쟁 포화 속에서도, 굶주림 속에서도, 심지어 핍박 속에서도 일에 몰두할 수 있는 신비로운 능력을 지니고 있어. 그럼에도 환경은 은은하게, 때로는 강렬하게 우리의 신경과 감정을 건드려 생산성에까지 영향을 끼치네.

"환경 따위는 중요치 않다"고 말하는 건 현실을 지나치게 단순화하는 것일세. 아무리 강건한 의지력을 지닌 이라도, 적절한 환경이 주어진다면 훨씬 더 풍요로운 성과를 이룰 수 있지 않겠나. 그리고 이것이 자네가 '무엇을 도외시하고, 무엇을 체계적으로 이용할지'를 다시금 돌아보게 하는 메시지가 되길 바라네.

자주 거처를 옮기는 친구에게

영국에는 어디에 살게 될지 예측할 수 없는 사람들이 있네. 부유한 영국의 유랑민들은 대개 자네처럼 '상당한 재산'을 갖고 있으면서 부동산 관리 같은 골치 아픈 일은 거의 하지 않더군. 주식이든 채권이든 안전하게 투자해 두고 우편배달부가 배당금만 제때 가져다주면, 물질적 걱정 없이 얼마든지 떠돌아다닐 수 있지. 아내마저 남편만큼이나 떠도는 삶을 좋아하면, 그 부부는 마치 열기구나 방주를 타고 바람 따라 떠다니는 이들처럼 보이기도 하네.

혹시 자네는 '지역이 정신에 끼치는 영향', 즉 우리의 정신이 주변 환경에 얼마나 큰 영향을 받는지 진지하게 연구해본 적이 있는가?

맨체스터의 검은 연기 자욱한 거리를 보게.♣ 어떤 사람은 그곳에서 완벽한 도시인이

♣ 맨체스터는 영국 산업 혁명의 중심지였다. 특히 섬유 산업이 발달한 도시였다.

되지만, 또 어떤 사람은 자연으로 도망치고 싶어 안달한다네. 재미있게도 현대의 풍경화는 바로 이런 도시의 삭막함이 낳은 자식이라 할 수 있네. 우거진 숲과 맑은 시

냇물, 장엄한 일몰을 그리워하는 도시인의 마음이 그림으로 피어난 거지. 디킨스의 작품에는 런던의 숨결이, 영국 시인 로버트 브라우닝에게서는 이탈리아의 향기가, 러스킨의 글에서는 베네치아와 스위스의 풍광이 배어나지 않는가?

가련한 독일 문학가 하인리히 하이네를 떠올려보게. 그는 파리의 좁은 하숙방에 누워 브르조엘리앙 숲의 멀린을 그리워하며 한탄했네.

"오, 형제 멀린이여, 나는 네가 있는 나무와 신선한 바람이 부럽구나. 이 파리의 매트리스 무덤에는 푸른 잎사귀 하나조차 흔들리지 않고, 아침부터 밤까지 차 바퀴 소리, 망치 소리, 길거리 싸움 소리, 그리고 피아노 소리만 들리는구나."

아널드 박사의 경우는 또 어떤가? 영국 중부 럭비의 단조로운 들판에서 얼마나 고통받았던가. "여기에는 언덕도, 숲도, 맑은 시냇물도 없다"라며 한탄했지.

하지만 그와 반대의 경우도 있다네. 영국의 한 소설가는 아름다운 자연 속에서 글을 쓰고자 스위스의 호숫가로 원고를 들고 갔지만, 결국 런던을 그리워하며 돌아올 수밖에 없었어. 그의 창작 영감은 벌이 여름꽃을 찾듯, 런던의 거리를 필요로 했던 거야.

티코 브라헤의 실험실 우라니보르[♣♣]를 보게. 얼마나 이상적인가! 실험실이 있는 그의 섬은 수도에서 멀지도 가깝지도 않았고, 고립과 소통의 완벽한 균형을 이루었네. 섬 중앙의 거대한 저택은 예술과 과학의 궁전이었으며, 조각상과 그림, 그리고 천문학 발전을 위한 모든 장치가 갖추어진 우라니보르가 있었지. 그뿐 아니라 과학을 위한 기구를 보관할 건물과 그가 직접 운영하는 인쇄소까지 있었다네. 오늘날 소음과 가난에 시달리는 학자라면 우라니보르의 찬란한 평화가 얼마나 부러울까.

♣♣
호라티우스 시대 이후, 정신노동자 중 가장 행복하고 부러움을 샀던 이는 티코 브라헤일 것이다. 덴마크의 프레데릭왕은 그에게 거주할 수 있는 멋진 섬을 주었다. 그 섬은 둘레 약 8킬로미터로, 그가 갇힌 느낌을 받지 않을 만큼 충분히 컸고, 집처럼 느낄 수 있을 만큼 아늑했다. 비옥한 땅과 풍부한 사냥감 덕분에 브라헤는 물질적으로 부족함이 없었고, 코펜하겐에서 불과 11킬로미터 거리에 있어 필요한 모든 것을 쉽게 구할 수 있었다.

두 훔볼트 형제의 테겔성 역시 얼마나 완벽했던가. 소나무 숲과 산책로, 정원으로 둘러싸인 그곳에서 그들은 수도 근교의 평온함과 문화적 혜택을 동시에 누렸네. 자연의 고독 속에서 자신을 풍요롭게 하는 방법을 알았고, 대도시에서 얻을 기회도 놓치지 않았지.

결국 우리는 모두 빈 종이와 같아서, 주변 환경의 색채를 고스란히 흡수하기 마련이네. 누군가는 도시의 소음과 움직임이 필요하고, 또 누군가는 숲속의 고요나 산의 침묵 속에서만 자신을 온전히 만날 수 있지. 우리는 각자 자신의 정신을 꽃피울 터전을 찾아야 하네. 당신은 지금 어떤 땅에 서 있는가?

끊임없이 이동하며 지성을 갉아먹는 사람에게

귀족의 삶은 겉으로는 화려해 보이나, 과거의 고귀한 문화와는 점차 멀어지고 있다네. 철도 발명과 같은 현대적 변화는 귀족의 생활에 새로운 가능성을 열어주었지만, 역설적으로 그들을 유목민적 삶으로 되몰고 있지 않은가. 철도의 등장으로 많은 귀족 가문이 계절이나 사냥철에 따라 거처를 옮기게 되었네. 이는 인간 문명의 핵심이라 할 수 있는 정착 생활의 개념과는 상반되는 것이지. 웅장한 저택들은 이제 한 계절 동안만 머무는 일종의 '텐트'로 전락했고, 이에 따라 깊이 있는 학문과 창의적 작업에 필요한 안정된 환경을 잃고 말았어.

한곳에 정착하여 오랜 시간 꾸준히 탐구하는 환경이야말로 학문과 창조적 성취를 가능케 하는 핵심 조건인데 말일세. 잦은 이동과 사교 활동을 중심으로 하는 귀족들의 생활 방식에서는, 이러한 조건을 갖추기 어려운 것이 사실이네. 그렇기 때문에 귀족들은 학문의 깊이나 창조적 성취보다는 겉으로 드러나는 화려함과 사교계의 지위를 더 좇게 되지.

그럼에도 현대 귀족의 삶은 지적 성취와 문화적 기

여를 위한 특별한 기회를 여전히 제공하고 있다네. 자네는 세계 최고의 교육과 풍부한 자원을 누리며, 지적 탐구와 창의적 성취를 위한 모든 길을 알고 있지 않은가? 이러한 환경은 자네가 결심만 한다면, 어느 분야에서든 최고 수준의 성과를 이룰 수 있는 토대가 될 걸세.

엘리자베스 여왕 시대의 귀족 지식인들을 떠올려보게. 그들은 개인적 성취를 넘어 사회적 책임을 다하며 위대한 업적을 남겼지. 특히 귀족 여성들은 문학과 예술, 학문에서 탁월한 재능을 발휘하며 시대의 최고 지성들과 어깨를 나란히 했네.

마지막으로, 자네가 가진 기회는 개인적 특권에 그치지 않네. 지적 탐구와 문화적 기여를 통해 자네의 위치를 현명하게 활용한다면, 자네의 삶은 화려한 겉모습을 넘어 진정한 가치와 의미를 담게 될 걸세.

괴테의 서재와 침실이 궁금한 사람에게

예술가에게 가장 즐거운 일 중 하나는 자신의 가장 뛰어난 작품을 만들어낼 작업실을 직접 계획하고 꾸미는 것이라네. 아름답고 편안한 환경에서 작업하는 것 자체가 큰 기쁨이어서, 화가들은 멋진 큰 작업실이 삶의 행복을 두 배로 만들어준다고 믿지. 그래서 그 꿈이 이뤄질 날을 기다리며 몇 년씩 상상하고 계획을 세우곤 하네.

얼마 전 예술가는 아니지만 학문에 몰두하는 한 친구와 이 얘기를 나눈 적이 있네. 그런데 그 친구 말로는 근사한 작업실에 대한 동경이 상당 부분 착각이라는 거야. 넉넉한 공간과 좋은 채광만 있다면, 값비싼 조각상이나 고풍스러운 장식품들은 겉치레일 뿐이고 실속은 없다더군. 작업에 몰입한 정신은 주변이 어떻든 신경 쓸 틈이 없고, 오히려 쓸데없는 물건들이 집중을 방해할 뿐이라는 거지.

성 베르나르의 이야기를 예로 들더군. 그는 레만 호숫가를 하루 종일 걸으면서도 깊은 사색에 빠져 호수조차 보지 못했다 하네. 또 라비냥 신부란 분은 그을린 낡은 책상과 싸구려 의자 하나뿐인 좁은 방에서 일했지만, 오히려 더없이 풍성한 정신 활동을 했다고 하더군.

나는 이에 대해 괴테에 관한 전기를 쓴 루이스의 글을 인용해주었네.

"낮은 천장과 좁은 공간, 두 개의 작은 창문으로만 빛이 들어와 실내는 매우 어두웠다. 감동적일 만큼 단출했다. 광택 없는 참나무 탁자와 딱딱한 의자, 그리고 손수건을 담아두는 바구니가 전부였다. 벽면을 따라 사전과 참고서가 꽂힌 책장들, 그리고 시인의 작품들이 가득한 서가가 자리 잡고 있었고, 한쪽에는 괴테가 작품을 써 내려간 책상이 놓여 있었다.

서재의 오른쪽 벽에는 길쭉한 배나무 탁자가 있었고, 그 위 책꽂이에는 사전과 참고서들이 가지런히 꽂혀 있었다. 맞은편 벽에는 시인들의 저서를 모아둔 책장이, 왼쪽 벽에는 부드러운 나무로 만든 길쭉한 책상이 있었다. 괴테는 여기서 집필했다.

문 옆에는 당대의 역사를 기록한 종이가 붙어 있었다. 그 문을 열면 나오는 침실은 그 이름이 무색할 만큼 자그마한 방이었다. 침대 하나와 그 옆의 팔걸이의자, 작은 세면대 위에 놓인 하얀 대야와 스펀지가 전부였다."

이 이야기를 들은 내 친구는 의기양양해졌다네.

"보시오! 괴테의 강력한 상상력은 주변 환경 따위는 필요로 하지 않았던 거요. 그는 사색할 때 조각상과 그림으로 둘러싸여 있었을지 모르지만, 실제로 글 쓸 때는 주의를 산만하게 하는 것이 없는 단출한 방을 선호했소. 이것이야말로 천재의 본능이 아니겠소?"

나만의 작업 공간이 절실한 사람에게

파리에서 귀스타브 도레♣의 작업실을 방문했던 때가 떠오르네. 그의 풍부한 고딕적 상상력을 생각하면 당연히 프랑스 작가 빅토르 위고의 집처럼 다소 촌스럽지만 화려하고 흥미로운 골동품과 조각 장식들로 가득할 거라 기대했지. 하지만 실제로 가보니 화구와 이젤만 가득했을 뿐, 허름한 작은 탁자 위엔 물감 튜브가

♣
19세기 프랑스가 낳은 최고의 삽화가 귀스타브 도레(1832~1883)는 그의 놀라운 상상력과 섬세한 표현력으로 시대를 사로잡았다. 『신곡』, 『돈 키호테』, 『실낙원』과 같은 불멸의 문학 작품들에 생명을 불어넣은 그의 삽화들은 한 편의 드라마를 보는 듯한 강렬한 인상을 남긴다. 도레는 문학과 미술이라는 서로 다른 예술 영역을 자유롭게 넘나들며 새로운 길을 개척했고, 이는 현대 예술가들에게도 여전히 깊은 영감의 원천이 되고 있다.

어지럽게 널려있고 의자도 두 개뿐이더군. 말하자면 '창작의 즐거움' 그 자체가 방 전체를 채우고 있었달까. 도안실을 들여다보니 실용적이면서도 검소했고, 작업 능률을 높이도록 정돈된 것이 전부였네. 화려하거나 우아한 느낌보다는 실용성에 중점을 둔 모습이었지.

레즐리는 집안의 여느 방과 다름없는 평범한 공간에서 그림을 그렸고, 터너는 문에 안쪽 빗장만 있다면 어

디서든 작업할 수 있다고 했다네. 스콧은 새로 지은 애버츠퍼드 저택의 화려한 방들을 두고, 오히려 소박한 서재에서 글을 썼지. 심지어 가족들이 모인 응접실에서 잡담 소리를 들으며 글을 쓸 정도였어. 디킨스는 밝고 상쾌한 방에서 작업하기를 즐겼고, 책상 위에는 기이한 작은 청동 장식품들을 늘 놓아두었다고 하네.

결국 핵심은, 작품에 유리하다고 경험으로 아는 것들을 주변에 배치하는 일이 아닐까 싶네. 가장 간소한 수도자의 방도 상상에 몰입하기엔 훌륭한 장소일 수 있고, 채스워스나 블렌하임처럼 호화로운 궁전도 마찬가지일 수 있네. 문제는 어중간하고 속물적인 장소일세. 거기엔 흔히 천박한 장식이나 수준 낮은 그림·판화들이 걸려있어, 일하는 중간중간 눈길을 빼앗고 정신을 시시한 데 쏠게 만들거든. 이럴 바엔 차라리 고풍스러운 아름다움이 넘치는 방이나, 완전히 텅 빈 방이 낫네.

예술가들이 아름다운 물건과 장식을 어지럽게나마 곁에 두려 하는 건 본능에 가까운 것 같네. 작업하다 문득 고개를 돌렸을 때 눈에 들어오는 뜻밖의 아름다움은, 마치 자연을 거닐 때처럼 작은 기쁨을 선사하지 않나.

"A world of disorderly notions, picked out of his books, crowded into his imagination."—*p. 3.*

귀스타브 도레가 그린 『돈 키호테』 삽화

창문 밖 풍경이 일에 영향을 준다고 믿는 당신에게

작가에게 창문 하나가 얼마나 소중한지 모르네. 창밖의 멋진 풍경은 때때로 지친 눈을 쉬게 하고 마음을 달래주지 않나. 몽테뉴가 서재를 탑 꼭대기에 둔 것이 좋은 예가 되겠네. 어떤 이는 넓은 풍경이 아늑하지 않다고 불평할 수도 있겠지만, 글 쓰는 이에게 필요한 건 포근함이나 은밀함이 아니야. 오히려 시야를 넓히고 머리를 식혀주며 새로운 영감을 불어넣어 주는 공간이 필요하지. 대개는 탁 트인 전망이 답답한 실내보다 머리를 한결 맑게 해주는 법이네.

　여기서 늙은 몽테뉴처럼 개인적인 이야기를 좀 해보겠네. 지금 내가 글을 쓰는 방의 창밖 풍경은 나에게 매일 크고 작은 기쁨과 영감을 선사하네. 하지만 그 전에, 잊지 못할 한 풍경을 먼저 들려주고 싶군. 예전에는 책상에서 고개만 들면 아름다운 호수와 웅장한 산이 보였어. 잔잔한 물결 사이로 작은 섬들이 떠있었고, 고요한 수면에 비친 모습이 바람결에 흔들릴 때면 신비로운 움직임이 느껴지곤 했네. 스코틀랜드의 벤 크루아한산과 벤 보리치산의 봉우리에는 구름이 걸려 미묘한 빛을 띠었고, 밤이면 짙은 어둠이 내려앉았지. 한 줄기 빛도 새지 않는 어둠에 점차 물들어가는 광경이 가슴을 울리기도 했네.

하지만 그토록 경이롭고 깊이 사랑했던 하이랜드의 풍경에는 작가에게 꼭 필요한 한 가지가 부족했어. 바로 '인간'이었지. 숲에 둘러싸인 곳 너머로 회색 폐허가 된 옛 킬처른 성이 있었고, 호수 건너편에는 아르도넬 섬의 요새가 있었지만, 지금 내가 보는 도시의 탑과 첨탑에서 느껴지는 생명력은 찾아볼 수 없었지. 사람들이 떠나버린 곳에는 황량한 들판만이 남았을 뿐이네.

하지만 지금 내가 글을 쓰는 이곳 창밖에는 유럽에서도 손꼽히는 오래된 도시가 우뚝 서있다네. 한때 로마와 어깨를 나란히 했던 도시지. 무려 60세대에 걸친 역사가 그 흔적을 새겨왔네. 신전 터, 아치, 피라미드, 그리고 옛 성벽과 장엄한 탑들까지, 온갖 역사의 자취가 도시 곳곳에 스며있지. 아침 안개 사이로 솟은 대성당의 첨탑은, 맑은 여름 저녁이면 뒷산의 노을과 어우러져 더욱 찬란한 빛을 발하네. 도시 전체가 따스한 빛에 감싸였다가 점차 그림자가 드리울 때면, 그 고풍스러운 빛조차 황홀하게 느껴지지. 마치 우리 삶도 자연의 아름다움에 둘러싸이되 결코 압도되지 않고, 오히려 자신만의 빛을 발하는 것 같지 않나.

자네도 예술에 매진하는 그 작업실에서, 이처럼 자연과 인간이 조화를 이루는 풍경이나, 혹은 자네의 영혼을 울릴 수 있는 무언가를 곁에 두게. 비록 평범한 방이라도 그 안에 '영혼'을 불어넣어 줄 그 무엇이 있다면, 예술가에게는 그보다 더 큰 위안과 영감이 없을 걸세. 그리고 그 시간들이 자네 인생에서 가장 빛나는 추억 중 하나로 남으리라 믿네.

"책상 하나로 충분하다."

원룸 책상에 앉아 괴테의 서재 이야기를 읽는다. 놀랍게도 그의 방은 내 방보다 더 소박했다. 낮은 천장, 작은 창문 두 개, 광택 없는 평범한 책상 하나. 영국의 하녀도 거절했을 법한 공간이었다고 한다. 위대한 괴테가 이런 곳에서 글을 썼다니.

우리는 흔히 완벽한 환경을 꿈꾼다. 햇살이 적당히 드는 창가, 편한 의자, 예쁜 책상. 하지만 천재들의 방을 들여다보면 의외로 소박하다. 삽화가 도레의 작업실은 물감이 어지럽게 놓인 탁자와 의자 두 개가 전부였다. 그들에게 필요한 건 그저 자신만의 공간뿐이었다.

재미있는 건 그들의 창문이다. 내 방 창문으로는 옆 건물 벽밖에 안 보이지만, 그래도 가끔 하늘을 보면 생각이 맑아진다. 몽테뉴는 탑 위 서재에서 먼 지평을 바라보며 글을 썼고, 디킨스는 런던의 거리를 내려다보며 영감을 얻었다. 창문은 그들에게, 그리고 우리에게 작은 위로가 된다.

우리 모두는 각자의 방을 가지고 있다. 누군가는 회사 책상 한편에, 누군가는 카페 구석에, 또 누군가는 좁은 원룸에 자기만의 세계를 만든다. 중요한 건 공간이 얼마나 크고 예쁜가가 아니다. 그곳에서 생각이 얼마나 자유로울 수 있는가, 그것이 진짜 중요하다.

당신의 방은 어떤가? 비록 작고 초라해 보여도 당신만의 우주가 펼쳐진다면, 그곳이 바로 당신의 서재다.

제10부 ——————————————— 책과 언어의
숲에서

독서 습관이 편향된 사람에게

오늘날 널리 추앙받는 작가들 사이에서도 편협한 독서 습관이 발견된다네. 낸시 미트퍼드[*]가 작가들의 폐쇄적인 태도를 얼마나 날카롭게

[*] 20세기 영국의 저명한 작가이자 비평가.

지적했는지 기억하나? "일부 작가는 자신의 추종자나 같은 그룹의 작가들 작품만 읽는다. 그마저도 칭찬하거나 도움을 주기 위해서다. 그들은 일하는 사람이나 죽어가는 친구에게는 친절과 동정심을 베풀지만, 독서에 있어서는 놀라울 정도로 이기적"이라고 말했지.

자기 글을 쓰는 데 필요한 책만 골라 읽고, 그조차도 당장 필요한 부분만 대충 훑어보는 작가가 얼마나 많은가. 이런 태도는 단순히 이기적이라는 말로는 다 설명할 수 없을 것 같군. 어쩌면 더 복잡하고 은밀한 감정이 그 이면에 숨어있을지도 모르지. 우리보다 덜 알려진 동시대 작가의 작품에서 우리와 맞먹는 재능을 발견할 수도 있다는 은근한 두려움 말일세.

반면, 이미 고전의 반열에 오른 유명한 작품을 읽을 때는 그러한 불안감에서 비교적 자유롭지. 인정받은 작

품 앞에서는 우리도 언젠가 후대에 그렇게 인정받을 수 있으리라는 기대를 품게 되거든.

특히 흥미로운 점은, 작가가 동시대 문학을 읽지 말라고 대중에게 권하는 모순된 상황일세. 본인도 책을 출간하면서 동시대 문학을 피하라니, 이보다 더 모순된 조언이 있을까? 마치 집 문을 활짝 열어두고 "누구도 들어오지 말라"고 외치는 것과 같지 않은가?

편향된 독서는 결국 두려움의 다른 표현일 뿐이야. 진정한 작가라면 동시대의 거울 앞에 당당히 설 수 있어야 하네.

책에서만 답을 찾는 당신에게

미국 사상가이자 문학가인 랠프 왈도 에머슨의 대담한 제안에 대해 이야기해보고 싶네. 에머슨은 "모든 이차적 작가가 사라진다면 인간의 정신은 더 발전할 수 있을 것"이라 말했는데, 그의 생각이 얼마나 극단적인가 말일세.

이는 마치 세 명의 황제만 남기고 나머지를 모두 추방하면 한 국가가 더 나아질 것이라 주장하는 셈이야. 자신의 판단력을 의심하며 이미 인정받은 것만 받아들이겠다는 태도는 얼마나 위험한가.

우리가 책 읽는 이유를 곰곰이 생각해보세. 정보를 얻기 위해서인가, 아니면 좋은 생각과 영감을 얻기 위해서인가? 지식의 측면에서 보자면, 최신 작가의 책이 항상 가장 유익하다네. 이전 세대인 베이컨만으로는 부족하지 않겠나. 사고 방식에서도 밀턴 이후의 방법론은 훨씬 더 정밀하고 세련되어졌네.

현대 작가를 피하라는 조언이 과연 순수한 의도에서 나왔을까? 그 이면에 동료 작가에 대한 질투나, 아니면 더 은밀한 불안이 숨어있지는 않을까? 혹시 무명작가의 평범한 작품 속에서도 우리의 작품과 견줄 만한 무언가를 발견할 때 느끼는 그 불편함을 회피하고 싶은 것은 아닐까?

한 영국인의 이야기가 떠오르는군. 유럽의 외딴곳에 살던 그는 최신 책을 접하지 못해도 아쉬워하지 않았다지. 하지만 과연 고전만 고집하는 것이 옳다고 할 수 있을까? 그것은 마치 지적 수도원에 스스로를 가둔 것과 다름없어. 우리는 현재를 통해서만 과거를 온전히 이해할 수 있거든.

가장 좋은 방법은 마음을 균형 잡힌 상태로 유지하는 것이네. 자석에 끌리는 금속 장난감 물고기처럼 한쪽으로 쏠리지 않고, 고전과 현대 작품 사이에서 지혜로운 균형을 찾아야 하네. 고전과 현대 작품을 서로 대립시키는 대신, 모두를 시간을 초월한 하나의 대화로 바라보게나. 고전이 던진 질문에 현대 작품이 답하고, 현대의 고민을 고전의 지혜로 풀어가는 것이야말로 진정한 독서의 즐거움이 아니겠나?

현학주의의 허상과 진정한 예술가의 모습에 대하여

오늘은 현학주의와 진정한 예술혼의 차이에 관해 이야기해보세. 내가 아는 한 사람의 이야기로 시작해보지. 그는 단순히 고전을 읽었다는 이유만으로 사회적·지적 위치를 얻으려는 사기꾼 취급을 받았어. 남들이 자신을 허세 부리는 사람, 즉 현학자로 여기는 태도에 그는 강한 혐오감을 느꼈다네. 이 쓰라린 경험 탓에 그는 불행히도 고전 작품 자체를 거부하기에 이르렀지.

얼마나 안타까운 일인가. 호라티우스, 테렌티우스, 셰익스피어, 몰리에르와 같은 위대한 작가는 비록 현학자로 인해 끝없이 주석과 해설이 덧붙여지는 불운을 겪었지만, 그들은 결코 현학자가 아니었네. 오히려 인간 본성을 깊이 탐구한 예술가였으며, 위선 없이 평범한 사람들과 더불어 살며 창작했지.

현학자는 마치 잘 알려진 옛 예술가가 본인만의 사유물이라도 되는 양 굴지 않는가. 그들의 작품을 해설하며 생계를 이어간다는 이유로 말일세. 그래서 안타깝게도, 이 무서운 수호자는 친절한 척하며 시의 아름다운 영역을 서서히 침범하고 있네.

세상에 널리 퍼진 유명 작가에 관한 얄팍한 찬사를 보면, 진실을 사랑하는 정직한 영혼이라면 누구나 불쾌감을 느낄 것이네. 하지만 그렇다고 위대한 작가의 진정한 가치마저 부정한다면, 이 또한 편견이 아니겠는가?

　진정한 예술가는 도서관의 먼지 속이 아니라, 삶의 한가운데서 영감을 얻었다네. 그들의 작품이 주석가의 손아귀에 들어갔다고 한들, 본질적 가치까지 퇴색되지는 않는 법이지.

　우리에게 필요한 것은 현학주의도, 그에 대한 맹목적 반발도 아닌, 작품 자체를 있는 그대로 마주하는 용기일세.

인생이라는 책 읽는 법을 모르는 사람에게

오늘은 생트뵈브가 남긴 깊은 통찰에 대해 이야기해보고 싶네. 그가 발견한 진리는 놀랍도록 단순하면서도 심오하지.

"내가 무엇을 하든, 하지 않든, 서재에 틀어박혀 연구를 계속하든, 논문을 쓰며 여기저기 흩어져 있든, 사회속에서 나 자신을 퍼뜨리든… 나는 끊임없이 같은 일을하고 있다. 그것은 바로 하나의 책을 읽는 것, 끝낼 수 없는 세계와 인생의 무한한 책을 읽는 것이다."

우리 삶은 때로는 계획대로, 때로는 예상치 못한 방향으로 흘러가네. 아침에 커피를 마시며 책을 읽는 고요한 순간이든, 거리를 거닐며 사색에 잠기는 시간이든, 친구와 나누는 깊은 대화든, 홀로 보내는 시간이든, 이 모든 순간이 모여 인생이라는 책의 한 페이지를 만들어가는 것이네.

생트뵈브는 삶의 무질서와 방해를 단순한 장애물이 아닌 더 풍요로운 경험을 만드는 요소로 보았네. "혼란스러울수록, 방해가 더 자주 일어날수록, 나는 이 책을 더 깊이 읽어나간다"라는 그의 말은 얼마나 의미심장한가.

이상적인 순간이나 완벽한 상황을 기다릴 필요는 없다네. 지금 이 순간, 우리 앞에 펼쳐진 페이지를 읽어 나가면 되지. 삶의 모든 순간이 의미가 있으며, 그 의미는 우리가 어떻게 읽어내느냐에 달려 있네.

　　이는 단순한 위로의 말이 아닐세. 모든 순간이 우리의 일상적 경험을 더 깊고 풍요롭게 만드는 실천적 지혜가 되어주지. 생트뵈브의 말처럼, "삶이라는 책은 늘 새로운 페이지로 우리 앞에 펼쳐져 있다"는 사실이 바로 이를 증명하네.

언어를 배우는 가장 빠른 방법을 찾는 사람에게

불완전한 언어 습득에 대해 생각해보세. 문법의 세세한 부분까지 익히느라 수천 시간을 투자하면서도, 정작 그 언어로 쓰인 문학에는 닿지 못한다면, 이는 분명 시간 낭비네. 문법의 미로에서 수천 시간을 헤매고도 한 편의 시조차 읽지 못한다면, 언어의 영혼을 놓치는 일이지.

현대인의 삶을 보게나. 직업적·사회적 의무로 가득 찬 하루를 보내다 보면 교양을 쌓을 시간이 턱없이 부족하지 않은가? 심지어 교양을 진지하게 여기는 사람일수록 오히려 시간을 아끼려 드는 법이네. 어쩌면 불완전한 언어 실력으로 하는 독서가 비효율적으로 여겨지겠지.

한 가지 예를 들어보겠네. 어떤 사업가가 청소년기에 그리스어를 열심히 공부했지만, 유창하게 읽을 수준에는 이르지 못했다고 치세. 이 사람이 플라톤의 원문을 읽으려 한다면? 글자를 해독할 수는 있겠지만, 독서 속도가 너무 느린 탓에 현실적으로 감당할 수 있는 시간을 훌쩍 넘어설 걸세. 결국 그는 번역본을 선택할 수밖에 없겠지.

외국어 교육에서 가장 아쉬운 점은 우리가 '말하기'

를 사실상 포기해버렸다는 것이네. 언어를 가장 자연스럽고 효과적으로 익히는 순서는, 일상의 기본적 필요를 표현하는 단어들을 먼저 배우고, 그다음 대화와 감정 표현으로 차츰 영역을 넓혀가는 것이 아닐까. 이것이야말로 언어를 삶 속에서 배우는 가장 이상적인 방식일세.

어떤 언어든 능숙한 독해력을 기르는 가장 빠른 방법은 말하기부터 시작하는 거라네. 구어체는 문어체의 토대가 되지. 이건 너무나 자명한 원리여서, 10년간 읽기 위주로만 라틴어를 가르친 성과가 현대 외국어 교사가 10개월 만에 이룰 수 있는 수준에도 미치지 못했어.

전쟁이 가져온 가장 뜻밖의 교훈이 무엇인지 아나. 바로 현대 언어에 대한 새로운 갈망이라네. 프랑스를 보게나. 지리적으로는 중심에 있으면서도, 지적으로는 놀랍도록 고립된 나라였어. 영국보다도, 심지어 트란실바니아보다도 더 고립되어 있었지.

이 고립은 문화뿐만 아니라 국민성에까지 깊은 영향을 미쳤네. 프랑스인은 마치 이웃과의 교류 없이 오로지 거대한 저택 안에서 생활하며 조상의 역사만 읽는 고립된 신사와도 같았다네. 그러나 아무리 강력한 현대 국가라 해도, 동시대의 다른 나라와 교류 없이 안전할 수는 없지.

외국어 실력이 늘지 않아 좌절하는 당신에게

고전 학문과 현대 언어의 차이를 아는가? 고전 학문은 단순하네. 모두가 같은 출발선에서 시작하고, 문법서와 사전이라는 공통의 도구로 배우는 동등한 경쟁의 장이지. 부족한 점은 시간과 노력으로 충분히 극복할 수 있어.

하지만 언어는 전혀 다르다네. 마치 북쪽의 정원사가 남쪽 지중해의 자연과 경쟁하는 셈이지. 피렌체 사람에게는 너무나 자연스러운 이탈리아어가 다른 나라 사람에게는 큰 도전이 되는 것은 당연하네. 아라비아에서 대추야자가 쉽게 자라는 것을 생각해보게. 그 나무를 영국에서 키워내기가 얼마나 힘든 일일지 짐작이 되지 않는가.

오늘날 언어 학습자의 삶이 어떤지 아는가? 매 순간이 실전의 연속이라네. 해당 언어를 사용하는 나라에 가면 만나는 원어민마다 시험관이고, 방문하는 도시마다 시험장이 되는 법이지. 그래서 현대 언어의 성취는 품위나 학문적 과시가 아니라, 실용성의 문제가 되는 거야.

많은 사람이 현대 언어를 쉽다고 오해하더군. 프랑스어는 쉽고, 이탈리아어도 쉽고, 독일어는 조금 어렵다는 식으로 말이지. 하지만 서툰 수준에는 언어 학습이 쉽게 느껴질지 몰라도, 언어를 능숙하게 구사한다는 것은 절대 쉽지 않다네.

내가 오랜 관찰과 경험을 통해 알게 된 몇 가지 진실을 들려주겠네. 외국어를 완벽히 구사하는 사람을 보면, 대개 특별한 가족 배경이나 환경적 요인이 있더군. 외국어를 완벽히 익히면 대개 모국어에 어느 정도 손실이 발생하기도 하고 말이야. 또한 두 개 언어를 정확히 구사할 수 있는 사람은 많지만, 세 개 언어를 완벽히 구사하는 사람은 거의 없었다네.

어린이는 여러 언어를 원어민처럼 구사할 수 있지만, 이는 차례대로 습득하는 것이지, 동시에 배우는 게 아니야. 또한 성인이 외국어를 능숙히 익히려면 최소 5년간 그 언어를 사용하는 환경에서 살아야 하네. 이것이 내가 오랜 시간 관찰하고 경험한 뒤 내린 결론이라네.

아마도 자네에게는 이 진실들이 격려가 되진 않겠지. 하지만 불완전한 지식도 여전히 충분히 가치가 있다네. 외국어 학습에서 완벽한 성취가 어렵다고 해서 포기하지는 말게. 진정한 문제는 비현실적인 기대를 품고 시작한 뒤, 예상된 실패에 좌절하는 데 있네.

언어는 완벽히 정복해야 할 대상이 아니라 평생의 동반자일세. 중요한 것은 그 언어의 숲을 계속해서 거닐며, 새로운 발견을 즐기는 자세라네.

완벽한 이중 언어의 신화를 믿는 사람에게

파리에 사는 영국인 예술가 W의 이야기로 시작해보지. 그는 프랑스어를 거의 완벽하게 구사하네. 40년간 프랑스에 살았지만, 현지인과 결혼하지 않았다면 이런 수준에 이르지 못했을 걸세. 특히 자녀들의 영향이 컸지.

아이와 함께하는 언어 습득이 얼마나 특별한 경험인지 아는가? 아이가 처음부터 그 외국어로 말을 시작하면, 아버지는 마치 그 나라에서 감정적으로 다시 태어나는 듯한 경험을 하게 된다네. 아이의 달콤하고 어설픈 말투가 점차 완벽한 언어로 성장해가는 동안, 아버지는 이 귀여운 작은 교사의 가장 순종적인 학생이 되지.

성인의 언어 습득은 아이보다 어렵다네. 한 영국 장교의 사례를 들어보지. 파리에서 오랜 세월을 보냈지만, 그의 프랑스어는 기본적인 일상생활을 간신히 할 수 있을 정도였어. 반면 어린이는? 놀랍도록 빠르다네. 영어를 완벽히 구사하던 한 아이가 프랑스 남부로 이주한 뒤, 단 3개월 만에 영어를 완전히 잊고 프로방스어를 자연스럽게 익힌 사례도 있거든.

언어가 어떻게 자라나는지 아는가? 언어는 마치 정

원의 꽃처럼, 뇌 속에서 자연스럽게 자라나네. 문법학자가 만들어낸 딱딱한 규칙을 따르는 것이 아니라, 자연스러운 토양에서 스스로 뿌리내리고 가지를 뻗지. 이는 살아 있는 사람과 해부학 모형의 차이와도 같네. 아무리 정교하게 만들어진 해부학 모형이라도 살아 숨 쉬는 사람을 따라갈 수는 없지 않나?

　　사전과 문법책으로 배우는 것도 마찬가지일세. 문법은 언어의 구조적 골격일 뿐, 살아 있는 언어의 생명력과 유연함을 담아내지 못하네. 언어는 마치 계절의 변화처럼 자연스럽게 우리 안에 스며드네. 아이가 보여주듯, 진정한 언어의 습득은 규칙을 암기하는 것이 아니라, 삶의 리듬 속에서 언어와 함께 춤추는 것이지. 그러나 우리는 너무 오랫동안 언어를 억지로 가르치려고만 했네. 이제는 언어와 함께 자라날 시간일세.

외국어를 배우려다 모국어도 제대로 못하게 된 사람에게

언어란 참으로 복잡한 생명체와 같다네. 흔히 사람들은 "어린 시절의 인상과 모국어는 절대 잊히지 않는다"고 말하지만, 이는 그저 달콤한 환상일 뿐일세. 내가 알았던 한 이탈리아인의 이야기를 들려주고 싶네. 참으로 놀라운 성공을 이룬 사람이었지. 그는 젊은 시절 프랑스에서 외교관으로 첫발을 내딛어, 마침내 빅토르 에마누엘 국왕의 궁정에서 프랑스 대사의 자리에 오르는 성공을 이루었네.

그의 프랑스어는 그야말로 완벽해서 이탈리아 억양은 전혀 느낄 수 없을 정도였지. 그러나 프랑스어를 그토록 완벽히 익힌 대가로, 그는 모국어인 이탈리아어를 완전히 잃어버렸다네. 처음에 나는 그를 두 언어의 달인이라 생각했네. 하지만 나중에 알게 된 사실은 달랐어. 나중에 익힌 프랑스어가 모국어인 이탈리아어를 완전히 밀어내버렸던 거야.

이 같은 언어 대체 현상은 특히 문학적 소양이 부족한 사람에게 더 위험한 영향을 미친다네. 바이런, 셸리, 찰스 레버 같은 작가들은 대륙에서 오랜 세월을 살았어도 영어를 잊을 가능성이 거의 없었지. 왜 그랬을까? 그들은 끊임없이 글을 읽고 쓰며 언어와 깊은 교감을 이어갔기 때문이네. 하지만 독서와 글쓰기에 익숙하지 않은 사람은? 몇 년 만에 모국어를 잊곤 하지. 더욱 아이러니한 것은, 새로 익힌 외국어마저 불완전한 상태로 머무르기 쉽다는 점이라네. 마치 두 의자 사이에서 넘어진 것처럼 두 언어 중 어느 것도 온전히 붙잡지 못하고 표류하는 꼴이지.

또 하나의 사례로, 가리발디 전쟁에 참여했던 한 이탈리아 병장의 이야기를 들려주겠네. 전쟁 후 프랑스에 정착한 그는 결혼한 뒤 언어가 급격히 변질되었지. 마치 반쯤 채워진 와인병에 맥주를 부어 섞은 것처럼, 두 언어는 모두 망가져버렸다네. 이것은 단순한 언어 대체가 아니라, 언어의 부패였지.

성인의 뇌가 얼마나 고집스러운지 아는가? 새로운 언어를 받아들이는 것만큼이나 강하게 저항하지. 파리에서 만났던 한 영국 장교 이야기를 해주고 싶네. 그는 영국으로 돌아갈 생각이 없어서 파리에 정착했지만, 프랑스어 실력이 일상적으로 물건을 사는 것조차 간신히 할 정도였어. 어휘는 턱없이 부족했고, 명사의 성별도 제대로 구분하지 못했지. 심지어 단 하나의 동사도 정확히 활용하지 못했다네. 발음은 또 어땠는지 아는가? 너무나 영국식이라 프랑스인이 알아듣기 힘들어했고, 말할 때마다 주저하는 모습은 듣는 사람까지 고통스럽게 만들었어. 결국 그는 어느 언어도 온전하게 익히지 못한 채 언어의 벽에 갇혀버렸지.

하지만 이것이 단순히 그의 잘못은 아니라네. 언어의 혼란은 종종 미숙한 마음, 특히 분리하는 힘이 약한 사람에게서 나타나는 현상이거든. 반면 지적인 분석 습관이 있는 사람들을 보게. 그들은 언어를 명확히 구분하고, 각 언어의 순수성을 지켜내는 데 놀라운 능력을 발휘한다네. 마치 화가가 물감을 섞는 방식과 같지. 서투른 화가는 모든 색을 마구 뒤섞어 탁하고 흐린 색을 만들어 버리지만, 숙련된 화가는 각각의 색채를 선명하게 살리며 조화 이루는 법을 알지 않는가. 언어도 이와 마찬가지야. 명확히 구분하고 조화롭게 다루는 능력은 결국 학습자의 태도와 습관에 달려 있다네.

아이의 언어 교육에 관해서도 이야기해보세. 요즘 가장 큰 문제가 뭔지 아는가? 바로 너무 많은 언어를 동시에 가르치려 한다는 것이네. 지적 성장을 위해서는 모국어 외에 한 언어라도 완벽히 습득하는 것이, 여러 언어를 피상적으로 아는 것보다 훨씬 더 가치 있어.

예를 하나 들어보지. 기차역의 안내원이 네다섯 개 언어로 출발 시간을 안내할 수 있다고 치세. 사회적으로는 매우 유용하겠지. 그러나 안내원 자신의 지적 성장에는 별 도움이 되지 않는다네. 왜냐고? 시간표는 어떤 언어로 말하든 단순히 같은 정보를 전달하는 데 그치기 때문이지. 언어의 진정한 힘은 단순한 기능을 넘어, 사고와 표현의 깊이를 확장하는 데 있다네.

진정한 교양이란 무엇인가? 바로 사고력을 키우고, 그 사고력을 적용할 자료를 제공하는 것이라네. 이 두 가지를 충족하지 못하는 언어 능력은 아무리 일상생활에 유용하더라도 교양 형성에 별다른 도움이 되지 않아.

물론 실용적인 언어 능력도 간접적으로 지적 이익을 줄 수 있다네. 예를 들어 스페인에서 스페인어로 저녁을 주문하는 것은 그 자체로는 지적 가치가 없어 보일지 모르지. 하지만 덕분에 스페인 문화와 역사를 이해할 수 있게 된다면? 그것은 분명히 지적 이익이지. 비록 간접적이긴 하지만 말일세.

진정한 언어의 습득이란 단순히 도구를 획득하는 것이 아니라, 마치 새로운 영혼이 탄생하는 것과도 같네. 스페인어로 식사를 주문하는 수준을 넘어, 문학가 미겔데 세르반테스의 웃음을 이해하고, 시인 페데리코 가르시아 로르카의 슬픔을 공감하는 것. 이런 것이 우리가 진정 추구해야 할 언어 교육의 목표가 아닐까.

"독서는 완성이 아닌 여정이며,
도착이 아닌 탐험이다."

위대한 작가들의 독서 편력은 놀랍도록 편향적이었다. 『롤리타』의 작가 나보코프는 도스토옙프스키의 걸작 『죄와 벌』을 '삼류 추리소설'이라고 폄하했으면서도, 프루스트와 조이스의 작품에는 아낌없는 찬사를 보냈다. 헤밍웨이는 톨스토이의 『전쟁과 평화』와 플로베르의 작품만을 반복해서 읽었다.

200년 전 한 지식인의 서재에서 발견된 편지들처럼, 우리는 여전히 '완벽한 독서'에 대한 강박에 시달린다. 읽어야 할 목록은 끝없이 늘어나고 서재의 책들은 점점 쌓이는데, 정작 무엇을 놓치고 있는지조차 모른다. 우리는 무언가를 완벽하게 해내려는 강박 속에서 독서의 본질적 기쁨을 잃어간다.

영국 작가 낸시 밋퍼드는 이 폐쇄적인 독서 태도를 날카롭게 비판했다. 그녀는 "작가들이 자신의 추종자나 소속 그룹의 작품만 읽는데, 그마저도 그들에게 칭찬이나 도움을 주기 위해서다"라고 지적했다. 타인에게는 친절과 동정을 보이면서도, 독서에서는 극단적인 이기심을 드러낸다는 것이다.

책을 읽는다는 것은 단순한 정보 습득을 넘어서 새로운 영감과 상상력을 얻는 과정이다. 불완전한 이해로도 충분히 교양 있는 사람이 될 수 있으며, 몇 권의 책만으로도 깊이 있는 통찰을 얻을 수 있다. 중요한 것은 '얼마나 완벽하게 읽는가'가 아니라 '그것을 통해 무엇을 얻는가'다.

우리는 종종 자석 앞의 금속 장난감 물고기처럼 한쪽으로 쏠리는 경향을 보인다. 그러나 고전과 현대 작품, 명작과 새로운 발견 사이에서 균형을 잡을 때 독서의 진정한 가치가 실현된다. 독서는 다양성과 균형을 통해 사고를 확장하는 활동이다.

200년 전 편지들이 전하는 메시지는 분명하다. 두려워하지 말라고, 서툴러도 괜찮다고, 완벽하지 않아도 된다고. 결국 중요한 것은 그 과정에서 우리가 얼마나 성장하느냐다. 불완전한 독서라도 충분하다. 불완전함 속에서 발견하는 기쁨은 독서의 진정한 가치일 것이다.

이 책은 '50인의 비밀 독서단'과 함께 만들었습니다.

감사의 뜻으로 가장 먼저 이 책을 만나 가치를 더해주신
비밀 독서단 모두의 이름을 이곳에 새깁니다.

이 책을 펼쳐주신 모든 분께 감사드리며,
앞으로도 좋은 책으로 보답하겠습니다.

강민영	고민경	구혜미	김금진	김동욱
김성민	김수정	김수현(하놀)	김이슬	김현경
김희정	노현호	류은총	메타지엄	박선주
박소원	박재진	박지성	박지혜	박혜윤
박혜인	백(GURU)그루	서선미	손혜현	신하나
신혜민	연유정	유시연	윤택한독서	이나경
이상진	이서진	이재은	이진선	이창우
이하나	이혜영	이호연	임헌진	전소희
채회장	천홍범	최승민	클로이마미	탁지영
하얀사과	함대홍	헤나서가(양현아)	현영	황대범

다음 비밀 독서단 모집에 참여하고 싶다면,
북타쿠 인스타그램(@book_ta_ku)을 팔로우해주세요!

어제보다 멍청해지기 전에

150년 동안 인류 지성사를 이끈 68가지 지혜

초판 1쇄 발행 2025년 3월 13일
초판 5쇄 발행 2025년 4월 7일

지은이   필립 길버트 해머튼
옮긴이   박정민

브랜드   필로틱
편집   박현종, 경정은, 공혜민, 성나현, 박수민
마케팅   김지우, 전유성, 하민지
디자인   박은정
문의   book@pudufu.co.kr
발행처   라이프해킹 주식회사
출판 등록   제2022-0000341호
주소   서울시 강남구 도산대로 207, 9층 1호 (신사동, 성도빌딩)

ISBN 979-11-987136-6-7 03100